ein Ullstein Buch

ein Ullstein Buch
Nr. 20448
im Verlag Ullstein GmbH,
Frankfurt/M – Berlin – Wien

Ungekürzte Ausgabe

Umschlagentwurf:
Theodor Bayer-Eynck

Mit Genehmigung des
Wilhelm Heyne Verlag, München

Printed in Germany 1984
Gesamtherstellung:
Ebner Ulm
ISBN 3 548 20448 1

Juni 1984
18.–22. Tsd.

CIP-Kurztitelaufnahme
der Deutschen Bibliothek

Lange, Hellmuth:
Blumen wachsen im Himmel: Roman /
Hellmuth Lange. – Ungekürzte Ausg. –
Frankfurt/M; Berlin; Wien: Ullstein,
1984.
(Ullstein-Buch; Nr. 20448:
Ozean. Bibliothek)
ISBN 3-548-20448-1
NE: GT

Hellmuth Lange

Blumen wachsen im Himmel

Roman

Herausgegeben und
mit einem Nachwort von
Herbert W. Franke

Ozeanische Bibliothek
1984

Inhalt

Motto:

»Denn wo ein Land ersterben soll,
da wählt
Der Geist noch Einen sich zuletzt,
durch den
Sein Schwanengesang, das letzte
Leben tönet.
Wohl ahndet ich's, doch dient' ich
willig ihm.
Es ist geschehn . . .«

Hölderlin

Der Letzte (Ivos Flucht)

Seit gestern hat sich das große Feuer wesentlich weiter nach Süden gefressen. Nach Süden, das heißt auf diese Felshöhle zu, die meine Zuflucht seit einigen Tagen ist. Noch eine Woche vielleicht, und es wird hier so heiß geworden sein, daß mich die Glut der Flammen vertreibt. Dann werde ich mein Bündel mit den wenigen Habseligkeiten nehmen und mich wieder auf die Wanderung machen. Ich werde die Berge hinabsteigen und die Ebene durchschreiten, bis ich ans Meer komme. Ans Meer, das vor wenigen Wochen noch eine glasige, starre Eisfläche war und über dem jetzt die Stürme mit neuheitslüsterner Begeisterung dahinfegen.

Hier am Meer wird mein Leben sein Ende finden. Die Flammen werden kommen und mich einschließen. Ich werde am Ufer entlangjagen in tödlicher Angst vor der grauenhaften Glut, die mir ringsumher den Weg abschneidet, aber ich werde keinen Ausweg wissen.

Keinen!

Die ersten Menschen, von denen uns die Geschichtsbücher melden, wußten sich aus Gestrüpp und Holz ein bescheidenes Gefährt zu zimmern und sich mit ihm dem großen Wasser anzuvertrauen. Aber ich, mit allem meinem Wissen und allem Reichtum an Gedanken, den meine Vorfahren aufgesammelt und an mich weitergegeben haben, ich bin ärmer als diese Menschen, die vielleicht noch halbe Tiere waren und nicht klug, sondern nur vernünftig zu handeln wußten.

Auf unserem Stern gibt es nämlich kein Gestrüpp mehr, keinen Baum und nichts, aus dem man etwas bauen könnte (ich glaube, Floß nannte man ein solches primitives Fahrzeug früher), um sich der Sicherheit des Meeres anzuvertrauen; denn gegen dieses Wüten des Feuers ist auch das stürmische Meer ein Hort der Sicherheit.

Nein, ich werde den Flammen nicht entfliehen können. Bis zum Hals im Wasser stehend, weiter kann ich mich nicht hinauswagen – denn ich bin des Schwimmens nicht kundig, wie sollte ich es auch lernen in einer Welt, die vor kurzem noch nichts anderes war als

Schnee und Eis und grausige Kälte –, bis zum Hals im Wasser stehend, sagte ich, werde ich langsam von den Gluten der Flammen in einem Inferno aus Nebel und Dampf gesotten werden, und das wird das Ende von mir, von Ivo, dem letzten Menschen dieses Sternes sein . . .

Ich habe diese ersten Sätze über unseren Untergang noch einmal durchgelesen, und ich bin versucht zu glauben, daß ich die große Aufgabe, zum Chronisten der letzten Tage unseres Daseins zu werden, bevor ich meine Augen für immer schließe, nicht durchhalten werde.

Ich, der ich unter meinesgleichen für einen Meister des Stils gegolten habe und dem von seinen Lehrern bestätigt worden ist, daß seine Sätze und Gedanken klar sind wie das Eis in den Betten unserer gefrorenen Flüsse, ich muß jetzt sehen, daß ich daherrede wie ein altes, zahnloses Weib.

Dreimal ist mir bereits in den ersten zehn Sätzen der Faden entglitten, und ich fürchte, daß man meinen Worten anmerken wird, wie sehr ich mich mühen mußte, sie aneinanderzusetzen.

Ja, du Fremdling einer anderen Welt, es stirbt sich nicht leicht. Glaube nicht den Schönrednern und Schwätzern, die dir etwas von der Süße des Todes und dem beseligenden Rausch der letzten Minuten vorraspeln.

In diesen Stunden sind wir alle Sklaven unserer Ängste, und der Unterschied zwischen dem Mutigen und dem Feigling besteht nur darin, daß der eine das Zittern seiner Hände geschickt zu verbergen weiß und der andere nicht. Vielleicht ist Tapferkeit auch nichts anderes als die Unfähigkeit, das volle Ausmaß der Gefahr und der Qual zu erkennen. Vielleicht ist sie . . . ach, es ist so müßig, jetzt darüber zu diskutieren . . .

Ich bin draußen gewesen vor der Höhle. Die Flammen, die das Gestein zerschmelzen, gestern noch nichts anderes als ein glutroter Schein hinter den schroffen Kanten der gegenüberliegenden Berge, lecken jetzt mit lodernden Zungen hoch über die zackigen Grate und stehen wie ein wehender Vorhang vor dem violetten Schwarz des Himmels.

Ringsum ist tiefe Nacht, tiefe, blauschwarze Nacht, nur dort, wo die Feuer wüten, ist ein grelles Licht.

In dieser Helle werden die schluchtartigen Täler zu großen, schwarzen Narben in den mächtigen, zerklüfteten Bergbuckeln, die sich, so weit mein Blick reicht, wie ein erstarrtes Meer vor mir ausbreiten.

Längst sind die Flammen über die Stadt hinweggezogen. Die

Häuser sind geschmolzen, und die Leichen meiner Freunde sind als dünne Rauchfahnen aufgestiegen in die Unermeßlichkeit des Himmels.

Sie sind dahingegangen, um niemals wiederzukehren.

Nur ich bin zurückgeblieben, vielleicht vom Schicksal dazu ausersehen, zum Zeugen der Katastrophe zu werden, in die uns unsere Unvernunft und Unverträglichkeit gestürzt hat.

Die Technik hat unsere Herzen gefressen. Sie hat das Gefühl aus uns herausgerissen und dafür die Gier in uns hineingestopft. Die Gier und den Dünkel und den Glauben an die Allmächtigkeit unseres Könnens.

Aber das Maß unserer Fähigkeiten und Gaben ist begrenzt. Der Schöpfer nahm – als er die Welten schuf – so viel davon, wie er mit beiden Händen greifen konnte. Das ist das Maß, mit dem wir hauszuhalten haben. Wir können nichts hinzutun oder wegnehmen, wir können höchstens umformen. Was wir den Annehmlichkeiten unseres Lebens opfern, wird uns an der Tiefe unserer Gedanken und Empfindungen fehlen.

Es hat wenige Menschen bei uns gegeben, die das von Anfang an begriffen haben. Als die Stunde kam, da es alle einsahen, war es zu spät, noch etwas daran zu ändern. Die Kräfte, den Händen ihrer Herren entglitten, fraßen ihre Peiniger.

Es ist erst wenige Wochen her, da las ich ein Buch. Es war alt, wohl an die fünfhundert Jahre, wenn nicht mehr. Seine Blätter waren vergilbt, und der Schimmel nistete in ihm. Ein fader Geruch von Moder stieg aus ihm auf, aber auch er konnte die weihevolle Stimmung nicht vertreiben, die mich gefangenhielt, als ich dieses Buch las.

Es war ein einfaches, bescheidenes, demütiges Buch. Nichts anderes war sein Inhalt, als das Leben zweier Menschen von dem Augenblick, da sie sich zusammentaten, bis zu jener Stunde, da sie kurz nacheinander ihre Augen schlossen.

Es gab nichts Außergewöhnliches in dieser Geschichte. Keinen Diebstahl und keinen Mord (obwohl beide bei den Schriftstellern jener Zeit sehr beliebt waren), keine weltbewegenden Ereignisse und keinen Gram, der so schwer ist, daß er die Zeichen stillen Wohlwollens füreinander vertreiben könnte.

Nichts von alledem!

Es war der Alltag, der aus ihr sprach. Etwas ermüdend und farblos in den Begebenheiten. Etwas unausgeglichen in den Empfindungen. Vielleicht war es sogar ein Buch, das man zu den Zeiten, da es geschrieben wurde, wegen seiner Einfalt mitleidig belächelt hat.

Mich aber hat es tief ergriffen! Eine Szene hat sich besonders fest in mein Gedächtnis gegraben; und je größer unsere Not wurde, um so weniger konnte ich sie vergessen.

Die beiden Leute, deren Leben das Buch schildert, saßen eines Abends am Ufer des Meeres unter einem Baum, dessen tief herabhängende Zweige sie wie eine Laube umschlossen.

Über dem Wasser standen unsere drei Monde. Zwei dicht über dem Horizont, nur um die Breite der ausgestreckten Hand voneinander entfernt, der dritte hoch am Himmel. Ihr weißliches Licht troff in langen, milchigen Bahnen auf das Meer herab und zerriß hier in flimmernde, goldene Punkte, die langsam, fast widerwillig auf den Kämmen der kleinen Wellen vergingen.

Ich weiß nicht, ob die Welt, in der du lebst, Monde hat, diese kleinen Trabanten, die den Stern, der deine Heimat ist, umkreisen und mit dem von der Sonne erborgten Licht die bedrückende Finsternis der Nacht beleuchten. Unsere Welt hat drei Monde, nicht sehr groß und nicht sehr weit entfernt, aber vielleicht gerade dadurch unseren Vorfahren besonders vertraut und liebgeworden. Ein Stück von unserer Welt, sind sie die Mittler zwischen dem schroffen Gestein, auf dem sich die Widersprüche unseres Daseins abspielen, und der erhabenen Ruhe des Weltalls. Heute ist ihr Glanz erloschen, weil die Sonne erloschen ist, und wir wissen nur noch aus den Büchern unserer Ahnen, daß sie in schweigender Unsichtbarkeit ihre endlosen Bahnen um uns beschreiben.

Das Mädchen hatte ihre Hand auf die Finger des Mannes gestützt, die fest auf dem Erdboden ruhten, dem noch die letzte Glut eines heißen Tages langsam entströmte.

Sie sprachen nichts und dachten nichts.

Sie starrten beide auf das nächtliche Wasser hinaus, und ihr ganzes Glück war, beieinanderzusitzen und im leichten Pulsschlag des Blutes die Nähe des anderen zu spüren.

Keine Zukunftshoffnung ließ ihren Atem schneller aufblühen; kein Kummer der Vergangenheit zerrte boshaft an ihrer Ruhe. In ihnen war nichts als eine große Leere, aber diese Leere war ausgefüllt mit der Gewißheit, nichts verlieren zu können, weil sie nichts erwarteten. Ihr ganzer Besitz war diese Stunde, und sie genossen sie mit der instinkthaften Sicherheit eines Tieres. Sie gaben sich ihr ganz hin und brauchten dazu weder Gedanken noch Empfindungen, noch Gefühle. Es war, als ob sie ihr unwissentliches Wissen durch die Poren ihrer

Haut einsogen und es dem Körper mitteilen ließen, ohne das Gehirn zu bemühen.

Damit ist die kleine Szene, die ich hier beschreiben wollte, schon zu Ende.

Vielleicht wird sie dir, Freund eines fremden Sterns und einer fernen Welt, nichts sagen, aber glaube mir, es steckt doch viel in ihr. Leider habe ich das erst begriffen, als die Menschen um mich her zu sterben begannen und von den dreihundertsechsundzwanzig, die wir ursprünglich waren, bald nur noch zweihundertsechsundzwanzig lebten und dann einhundertsechsundzwanzig und dann sechsundzwanzig und dann zehn und sechs und drei und zwei und dann . . . einer.

Ein einziger nur!

Ich!!

Wenn du das alles miterlebt hättest, was ich miterdulden mußte und was ich jetzt auf den Seiten dieses Buches zu schildern versuchen werde, dann würdest auch du vielleicht begreifen, wie ungeheuerlich diese kleine Szene aus dem alten, vergilbten, mit Schimmel bedeckten Buche ist.

Daß es das einmal gegeben hat!

Daß Menschen einsam, still und zufrieden und weltvergessen auf ein abendliches Meer hinausblicken konnten und daß dieses stumme, wunschlose Beieinandersitzen sie ganz zu erfüllen vermochte.

Daß ihre Gehirne leer sein konnten, leer auf glückhafte und befreiende Art, und daß sie nicht aus Angst und Grauen vor dieser Leere starben, sondern sich wohl und geborgen darin fühlten.

Daß nichts in ihnen bohrte und fraß und daß es Minuten des Glückes gab, in denen keine Habgier und keine Unruhe in ihnen war.

Daß es das einmal gegeben hat.

Unfaßbar für ein Wesen wie mich, das die Menschen nur als Subjekte und Objekte von Handlungen, das die Welt nur als ein bedrückendes Gefängnis und das Leben als einen Kampf, um aus den bescheidenen Vorräten an Glücksgefühlen ein möglichst großes Stück zu ergattern, kennengelernt hat.

Wir haben ein schweres Leben gelebt. Zweifellos! Das Glück einer unbeschwerten Mühelosigkeit ist uns von Gott nicht in den Schoß gelegt worden. Aber wenn ich nun zurückdenke, zurückdenke mit den Erfahrungen, die ich heute besitze, dann muß ich feststellen, daß wir, solange wir es nicht anders wußten, keineswegs an der Schwere unseres harten Daseins so sehr gelitten hatten. Wir nahmen als unabänderlich hin, was wir nicht ändern konnten. Erst als Tom, der

Forscher, uns versprach, die harten Lebensbedingungen zu mildern und Glück und Segen und Reichtum und Überfluß auf uns herabzuziehen, erst da begriffen wir, wie furchtbar unser Leben gewesen war, und nun schossen wir mit allen unseren Wünschen weit über alles hinaus, was uns selbst der gütigste Gott hätte schenken können.

Es mag sein, daß meine Worte dich verwundern, aber ich kann es nicht ändern, ich muß sie mir von der Seele schreiben. Denn alles das, was ich jetzt weiß, habe ich vor dreißig oder vierzig Tagen (ich bin in diesen sorgenvollen Ereignissen mit meiner Zeitrechnung etwas durcheinandergeraten) noch nicht gewußt.

In diesen wenigen Tagen unseres Unterganges habe ich mehr gelernt als in den vielen, vielen Jahren, die ich nun schon auf der Welt bin.

Jetzt erst weiß ich, daß das Leid, die Sorgen und der Kummer den Menschen formen. Freude und Glück schüttelt er ab wie ein nasses Tier die Tropfen aus seinem Fell. Aber niemand bleibt so, wie er vorher gewesen ist, wenn eine harte Zeit über ihn hinweggeht. An diesem Kreuzweg spalten sich die Seelen, und du weißt nie zuvor, ob du zu jenen gehören wirst, die sich in verkrampfter Verbitterung dem Haß und dem Neid zuwenden, oder ob du denen gleichst, die bereit sind, dem großen Lehrmeister Leid ihren Tribut zu zollen, indem sie sich in die Geborgenheit eines großen Herzens zurückziehen, aus dem die Kraft strahlt, die es ihnen und anderen ermöglicht, diese schwere Prüfung zu überstehen.

Wie wir selbst uns dem Leid gegenüber eingestellt haben, das will ich dir jetzt hier erzählen, aber ich warne dich: Wenn du vom Leben Kampf erwartest und Kraft und die Macht einer starken, rücksichtslosen Persönlichkeit, dann wirst du von meinem Bericht nicht enttäuscht werden. Wenn du aber an die Güte der Menschen glaubst und an die Vernunft und daran, daß es ein Funken Göttlichkeit ist, die den Menschen über das Tier erhebt, dann wirst du gut daran tun, dieses Buch so schnell wie möglich ungelesen wieder fortzulegen . . .

1. Gespräch mit Uhba

Es begann damit, daß Uhba in mein Zimmer trat und mich fragte, ob ich mitkommen wolle zu dem großen Vulkanschlot in den Bergen, der bis vor drei Jahrzehnten noch die letzte Wärme in unsere Welt der Kälte und des Eises gesandt hatte.

Seitdem seine Glut erloschen war, galt er bei vielen von uns als eine Art geheiligter Erinnerungsstätte. Ich bin mir nie recht klar darüber geworden, ob die Menschen, die zu ihm hinauspilgerten, an ihm hingen, weil er der letzte war, der sich ihnen hilfsbereit gezeigt hatte, oder ob sie ihn verfluchten, weil nun auch er seine Gunst von uns abgezogen hatte. Man ist sich ja bei den Menschen nie ganz klar, ob es Haß oder Liebe ist, was ihre Anteilnahme weckt.

Nun, gleichviel, ob man den Berg haßte oder liebte – es wird wohl von beidem etwas in der Anhänglichkeit gewesen sein –, man zog oft zu ihm hinaus, und man sagte mir, daß es ein schöner Spaziergang dorthin sein sollte. Nicht sehr anstrengend, denn der langgeschwungene Kegel gibt viele bequeme Aufstiegsmöglichkeiten und ist überaus reizvoll durch die vielen wechselnden Blicke, die er bietet, und vor allem durch den herrlichen Weitblick über das Gewirr von Bergen und Tälern, den man von seinem Gipfel aus hat.

So hat man mir wenigstens erzählt. Ich selbst habe ihn nämlich nie bestiegen.

Mein Interesse gilt der Vergangenheit; denn den Wert von dem, was wir heute tun, können wir selbst nicht ermessen. Der Reiz, den jede neue Tat und jede neue Beschäftigung ausstrahlt, ist so stark, daß er die Werte, die wirklich in ihnen stecken, weit übertrifft, und dieser oberflächliche Glanz hindert uns, den Dingen auf den Grund zu sehen. Ich weiß, das ist keine neue Entdeckung, und du lachst darüber, Freund. Aber es ist töricht von dir zu lachen, denn wenn du es weißt, warum hast du dann nie danach gehandelt?

Wir sind alle viel zu sehr von der Richtigkeit unseres Tuns überzeugt, und daher ist es so schlecht bestellt um alles, was wir mit so großen Hoffnungen und noch größeren Erwartungen beginnen. Aber nimm nur einen Brief, den du vor einigen Jahren geschrieben hast, wieder zur Hand. Was dir damals so wichtig und so überaus bedeutungsvoll erschien, ist längst vergangen und hat nur eine kleine Spur hinterlassen, vielleicht so klein, daß du sie kaum wiederfindest. Was du aber achtlos beiseite geworfen hast, das hätte sich als vorteilhaft erwiesen, wenn du ihm nachgegangen wärest und es weiter ausgebaut hättest.

Natürlich, das weißt du alles. Ich bin nicht so vermessen zu glauben, dir damit etwas Neues gesagt zu haben. Ich weiß es auch, und weil ich es weiß, darum ist die Gegenwart für mich von nicht so erheblicher Bedeutung. Und wenn ich mich entscheiden muß, dann suche ich in der Vergangenheit nach und prüfe, wie die Menschen sich damals dazu gestellt haben, und wenn ich aus dem Ablauf der Dinge ersehe, daß es gut gewesen ist, was sie taten, dann tue ich desgleichen. Ich bin niemals schlecht dabei gefahren.

Vielleicht wirst du denken, daß es schwer ist, für Probleme, die heute auftauchen, gleiche Fälle in der Vergangenheit aufzuspüren, denn die Welt schreitet ja fort, und die Wünsche und Absichten der Menschen stehen niemals still.

Wenn du das glaubst und wenn du wirklich der Meinung bist, die Menschheit wäre fortgeschritten im Laufe ihrer Entwicklung, ohne dir und deinem klugen Kopf zu nahe treten zu wollen: Ich fürchte, ich muß dich enttäuschen. Wir betrachten nämlich als Fortschritt im allgemeinen nur das, was unserer Bequemlichkeit dient. Ein weicher, molliger Stuhl dünkt uns ein Fortschritt gegenüber dem alten, harten, steifen, unbequemen Hinterndrücker. Wir vergessen aber, daß wir in dem neuen, bequemen Stuhl leicht Hämorrhoiden bekommen (eine tödliche Krankheit übrigens bei uns), und damit wird dem angeblichen Fortschritt schon viel von seinem Nutzen genommen. Mit anderen Worten, wir sehen vielleicht den kleinen Vorteil, vergessen aber den großen Nachteil. Nein, wenn wir wirklich an einen Fortschritt glauben, dann müssen wir uns unter den großen Gedanken umschauen, denn wenn überhaupt, dann können wir ihn nur hier entdecken. Aber alles, *alles*, lieber Freund, was an großen Problemen und Gedanken in unserem Leben eine Rolle spielen könnte, alles dieses ist bereits dagewesen und von Leuten, die sicher klüger sind als du und ich, nach allen Seiten hin durchdacht worden.

Wir wollen es nur nicht eingestehen, weil es unsere Eigenliebe kränkt. Auch ich bin von dieser Eigenliebe befallen gewesen und habe manches Jahr meines Lebens darangesetzt, etwas Neues, Weltbewegendes an neuen Gedanken aufzuspüren, aber immer, wenn ich glaubte, etwas gefunden zu haben, sobald meine Forschungen tiefer gingen, fand ich, daß auch dieser neue, so überaus aufwühlende Gedanke schon einmal dagewesen, von manchen gepriesen, von anderen verworfen worden ist.

Siehst du, das ist der Grund, warum ich so viel von der Vergangenheit (nicht von allem, was vergangen ist, aber von manchem, nämlich von dem, das sich bewährt hat) und so wenig von der Gegenwart halte. Und das ist auch der Grund, warum es mich wenig interessiert hat, den Berg der erloschenen Feuer zu besteigen. Allein kann ich es nicht, denn die Gegend dort ist mir fremd, und mit anderen zu gehen, bringe ich nicht übers Herz, denn ich kenne die nutz- und sinnlosen Dispute, die sich dann ergeben . . . der Streit um die Anschauungen und Meinungen. Und dieser Streit wird so heftig werden, daß man darüber die Schönheit der Natur vergißt, das einzige, das den Aufstieg lohnend machen würde, und so kommt man leerer und verärgerter hinunter, als man hinaufgegangen ist.

»Du willst also wieder nicht mitkommen?« fragte Uhba, als ihre Einladung ohne Antwort geblieben war.

»Nein«, sagte ich, »es lohnt nicht.«

»Und wenn ich dich darum bitte?«

Uhba weiß, daß ich ihr schlecht etwas abschlagen kann. Sie weiß, daß sie die Frau ist, mit der ich zusammenleben würde und von der ich Kinder haben möchte, wenn das Schicksal uns Menschen dieses sterbenden Sterns das Glück verliehen hätte, Kinder haben zu können. So blieb also ihre Bitte abermals ohne Antwort.

»Ich habe dich noch nie um etwas gebeten, Ivo«, sagte sie, nachdem wieder eine Zeit schweigend vergangen war. »Heute tue ich es: Bitte komm mit, mir zuliebe.«

»Und warum willst du unbedingt gehen? Du bist doch schon so oft dort oben gewesen, und jedesmal bist du traurig und niedergeschlagen wieder herabgekommen.«

»Wie sollte ich nicht traurig sein beim Gedanken daran, wie anders unser Leben verlaufen wäre, wenn das Feuer des Berges heute noch brennen würde.«

»Und trotzdem willst du wieder gehen?«

»Ja! Dieser Kummer ist nur die eine Seite. Es gibt auch viel Schönes zu sehen auf diesem Wege, und dieses Schöne macht mich für einige Stunden froh.«

Ich hatte damals meinen schlechten Tag, und der mitleidig-weiche Ton, mit dem Uhba auf mich einredete, empörte mich. Ich bin so sehr von Stimmungen abhängig. Wahrscheinlich liegt es daran, daß ich bei meinen Studien immer wieder auf unverzeihliche Fehler in der Geschichte unserer Menschheit stoße und mich diese Fehler empören, als wenn sie von mir selbst gemacht worden wären.

»Ach, das ist ja alles Unsinn«, sagte ich daher unfreundlich zu Uhba. »Ja, wenn man allein hinaufgehen könnte. Das wäre etwas. Aber in einer Horde, da wird die schönste und ergreifendste Stimmung sehr schnell zerredet.«

Uhba begann unruhig in meinem Zimmer umherzulaufen. Sie war schwer gekränkt, daran konnte kein Zweifel sein. Sie tat mir auch sehr leid, denn ich wußte, daß ich unleidlich war, wenn die Mißlaune mich gepackt hielt. Ich hatte plötzlich den Drang, etwas besonders Nettes und Liebes zu Uhba zu sagen, aber ich kam nicht mehr dazu. Sie warf ihren Kopf mit einer kurzen Bewegung in den Nacken, wie sie es immer tat, wenn sie mit irgendeinem Problem zum Abschluß gekommen war, und sagte leise:

»Du redest so, als wenn du immer dabeigewesen wärst. Das ist häßlich, Ivo. Damit willst du mich zwingen, eine Meinung, die du dir ohne Grund ausgedacht hast, von dir anzunehmen. Aber ich weigere mich, das zu tun, und es ärgert mich auch deinetwegen. Wenn du bei deinen Studien auch so bist, weiß kein Mensch, ob du uns auch wirklich die Wahrheit lehrst, oder nur das, was du dir selbst als Wahrheit zurechtgemacht hast. Leb wohl, Ivo.«

Sie nahm ihre Kappe vom Stuhl und ging langsam, ohne sie aufzusetzen, aus dem Zimmer.

Meine erste Regung war Ärger. Ein Mann läßt sich nicht gern etwas von einer Frau sagen, wenn auch die Frauen bei uns als völlig gleichberechtigt neben uns leben. Es ist wohl immer noch ein Rest von körperlicher Überlegenheit in uns Männern, und es widerstrebt uns, von dem körperlich schwächeren Teil eine Belehrung oder einen Tadel anzunehmen. Aber dann siegte doch eine Art von Beschämung, und ich sah ein, daß ich mich sehr töricht verhalten hatte. Ich lief Uhba nach und holte sie auf der Straße ein.

Sie war schon ein ganzes Stück gegangen, und da mein Zögern nur wenige Augenblicke gedauert hatte, mußte sie sehr schnell gegangen sein. Sie schien also tatsächlich sehr verärgert und nicht nur enttäuscht zu sein, denn verärgerte Menschen gehen schnell, um ihrem Ärger Luft zu machen, enttäuschte aber gehen langsam, um sich die Ursachen ihrer Enttäuschung in immer neuen Versionen während des Gehens vorzulegen und zu durchdenken.

»Verzeih mir«, sagte ich zu Uhba, als ich sie eingeholt hatte, »ich wollte dich nicht kränken.«

Uhba nahm meine Hand und drückte sie zärtlich.

»Ich bin dir nicht mehr böse, Ivo«, sagte sie freundlich.

»Ich danke dir. Und wenn ich dir eine Freude damit machen kann, dann will ich gern mit euch kommen.«

»Wenn du es allein mir zuliebe tun willst, und wenn es ein Opfer für dich ist . . .«

»Nein«, antwortete ich, »ich tue es auch meinetwegen. Ich sehe ein, du hast recht: Ich urteile über Dinge, die ich nicht kenne . . .«

Uhba schüttelte verwundert den Kopf. »Das hört sich so an, als wenn dich mein Vorwurf gekränkt hat . . .«

»Nicht dein Vorwurf hat mich gekränkt, sondern mein Eigensinn. Aber reden wir nicht weiter darüber. Ich freue mich, mit dir zusammen ein Erlebnis zu haben, das du mir so oft in den freundlichsten Farben geschildert hast.«

»Und du wirst es bestimmt nicht bedauern, Ivo. Priester Ghel wird mit uns gehen, und du wirst nicht behaupten, daß ein Tag mit ihm ein verlorener Tag ist . . .«

»Das ist etwas anderes«, sagte ich. »Der Priester und ich sind Freunde, und wenn unsere Meinungen auch oft auseinandergehen, so lerne ich doch viel von ihm und – wie ich hoffe – er auch ein wenig von mir.«

Uhba blieb stehen, denn wir waren vor ihrem Haus angekommen.

»Ist es wahr, was Tak erzählt hat, daß du die Menschen mehr schätzt, die eine andere Meinung haben als du, und dir aus denen wenig machst, die mit dir übereinstimmen?«

»Tak ist ein Spötter. Das müßtest du doch wissen, Uhba. Er übertreibt immer ein wenig, und dieses wenige reicht aus, daß das, was er über seine Mitmenschen sagt, immer dazu geeignet ist, sie lächerlich zu machen. Aber im Prinzip hat er schon recht mit dem, was er von mir sagte.«

»Ah!« Uhba sah mich an. Ihre großen Augen leuchteten erstaunt unter der glasklaren Hülle.

»Kommt es dir seltsam vor, daß ich ihm recht geben muß?«

»Nein. Es kommt mir nur komisch vor, daß du lieber mit Menschen zusammen bist, die dir widersprechen, als mit solchen, die dir recht geben.«

»Streiten wir beide uns nicht auch oft herum, Uhba? Und freuen wir uns nicht trotzdem, zusammensein zu können?«

»Wir sind eben beide sehr unverträgliche Menschen, Ivo. Manchmal denke ich mir, es ist gar nicht so gut, wenn man über alles eine feste Meinung hat wie wir. Das ist, als wenn man sich in einem Sturm an einen Felsen klammert und ihn nicht losläßt, selbst wenn man schließlich mit ihm in einen Abgrund geschleudert wird.«

»Aber gar keine feste Meinung haben, heißt von vornherein auf den sicheren Halt des Felsens verzichten. Am klügsten sind doch die, die auf den Felsen so lange vertrauen, wie er fest und sicher steht, und sich nach einem anderen Halt umsehen, sobald er zu wanken beginnt. Siehst du, Uhba, und aus diesem Grunde schätze ich auch Leute mit abweichenden Meinungen mehr als Leute mit zustimmenden. Denn wer anders denkt als ich, der hindert mich daran, zu sehr auf die Unverrückbarkeit meines Felsens zu vertrauen.«

»Du bist ein schwieriger Mensch, Ivo!«

»Zweifellos. Und daher bin ich dir so dankbar, daß du nicht die Geduld mit mir verlierst.«

Uhba strich mit ihrer Hand behutsam über mein Gewand.

»Du bist zwar oft sehr eigensinnig, aber ich kenne niemanden, der so zerknirscht sein kann wie du, wenn du einsiehst, daß deine Gedanken sich verirrt haben, und daher kann ich dir gar nicht böse sein. Aber nun wollen wir uns verabschieden und zur Ruhe begeben, denn wir haben morgen einen langen, anstrengenden Tag vor uns . . .«

2. *Eine sterbende Welt*

Am nächsten Morgen erhob ich mich mit den ersten Strahlen der aufgehenden Sonne.

Wenn ich hier von den ersten Strahlen der Sonne spreche, dann darfst du, lieber Freund aus einer anderen Welt, das allerdings nicht wörtlich nehmen. Unsere Sonne sendet keine Strahlen mehr in das eiskalte All. Sie ist erloschen.

Erloschen seit ungefähr dreihundert Jahren.

Heute ist sie nichts anderes mehr als ein dunkelroter Ball, viel zu schwach, um mehr als nur ein Hauch von Wärme zu uns zu senden. Nur ein zarter Lichtschein, gerade ausreichend, daß man ein paar hundert Meter weit alles deutlich erkennen und weiter entfernt liegende Dinge mit ein bißchen Phantasie ungefähr erraten kann, das ist alles, was sie für uns noch aufzubringen vermag.

Ja, unsere Welt ist eine Welt der Kälte und der Dämmerung.

Eine unheimliche Welt für jemanden, der gewohnt ist, strahlendes Licht und schwarzblaue Nacht sich abwechseln zu sehen, eine einsame Welt für den, der seine Tage unter rauschenden Bäumen und der Gesellschaft von Tieren verbringen kann.

Unsere Welt muß dir fremd sein, und daher ist es vielleicht notwendig, dir zunächst ein wenig von unserem Leben zu erzählen, weil dir sonst manches seltsam und lächerlich vorkommen würde, was für uns banale und bedrückende Alltäglichkeiten sind.

Ich sagte schon, daß vor ungefähr dreihundert Jahren das letzte Flackern des Lichtes auf der großen Kugel erlosch, die bis dahin

Lebensspenderin für uns alle gewesen war.

Unendliche Zeiten hindurch war die Sonne Kraft- und Lebensspenderin gewesen, ein ungeheures Laboratorium und ein unerschöpflicher Ofen. Viele Generationen von Astronomen und Physikern hatten sich darum bemüht, das Geheimnis zu klären, woher die Sonne die Energien bezog, um den Verbrauch an Materie, die sie ununterbrochen in das Weltall hinausschleuderte, immer wieder zu ersetzen. In den Büchern finden wir Dutzende von Hypothesen und Theorien. Richtig die Vorgänge zu erklären, hat keine vermocht. Nur soviel glaubte man herausgefunden zu haben, daß – wenn die Stunde des Endes gekommen wäre – das Erkalten so langsam vor sich gehen würde, daß die Pflanzen-, Tier- und vor allem die Menschenwelt Zeit genug finden würde, sich allmählich umzustellen, um so noch eine letzte Galgenfrist für das Leben zu retten.

Aber hier irrten unsere Forscher. So stark das Leben ist, solange noch Kraft in ihm wohnt, so schnell und hoffnungslos bricht es zusammen, wenn der Tod seine unvergleichlich größere Macht endlich anzusetzen beginnt. Wohl erstreckte sich das beginnende Erlöschen über einen längeren Zeitraum, gemessen am Leben des einzelnen, aber für das Leben in seiner Gesamtheit ging es dennoch zu schnell.

Schon als sich die ersten Schlacken, die Vorboten der zunehmenden Erkaltung, zeigten, begann die Temperatur rapide zu fallen, und bereits im Laufe eines einzelnen Lebens war zu erkennen, wie sehr diese Schlacken das Übergewicht über die Macht der Flammen bekamen. Zwar brachen sie immer wieder auf, und riesige Protuberanzen schossen in das Weltall hinaus – es war ein erschütternder Kampf der Gewalten, schrecklich anzusehen für die hilflosen Menschen –, aber nicht lange, dann schloß sich die Schlackendecke wieder, und durch die geschwärzten Fernrohre war deutlich zu erkennen, daß sie danach jedesmal stärker und ausgedehnter geworden war.

Nun war kein Zweifel mehr. Der Sonnenofen war ausgebrannt, alle Kräfte ihres riesigen Leibes, die sie Jahrmillionen hindurch genährt hatten, waren verzehrt, und die Tragödie nahm einen immer stürmischeren Verlauf.

Als das Licht starb, brach eine grauenhafte Zeit des Todes über unsere Welt herein. Die Temperatur sank und sank. Es wurde bitter kalt. Aber die Natur ist stark im Kampf und erfinderisch in ihren Mitteln. Den Tieren wuchsen lange Felle; sie lernten Löcher in die Erde graben; Einzelgänger wurden zu Herdentieren, um dicht zusammengedrängt von der Körperwärme des Nachbarn zu zehren.

Fast sah es so aus, als ob der Tod der Sonne von den Lebewesen überwunden werden würde. Die Berichte, die unsere Bücher aus jenen Tagen verzeichnen, sind aufregend und ergreifend. Jedes Tier, ob mit Verstand begabt oder nur dem Instinkt verhaftet, nahm auf diese Weise diesen schweren Kampf auf. Wer die Schilderungen unserer damaligen Forscher mit Aufmerksamkeit liest, kann sich des Eindrucks nicht erwehren, daß es vor allem die Not war, die den Verstand geschärft hat. Ohne die Not wäre die Menschheit nie weitergekommen. Schon die Infusorien wären in der Bequemlichkeit ihrer Sattheit steckengeblieben. Die Menschen lästern die Not, denn sie denken nicht daran, daß sie ihr bester Lehrmeister gewesen ist. Die Not dezimiert zwar die Zahl, aber sie schärft den Verstand, und wer die Geschichte der Menschheit zu lesen versteht, der wird nicht übersehen können, daß nach den grausigsten Daseinskämpfen die Menschheit stets um ein besonders großes Stück weitergekommen ist. Ob sie allerdings verstanden hat, diesen Fortschritt zu ihrem Vorteil auszunützen, das steht auf einem anderen Blatt.

Bei uns jedenfalls war dieser letzte Kampf hart und erbittert, aber die Lebewesen schienen ihn zu gewinnen.

Da machten uns die Pflanzen einen Strich durch die Rechnung. An den Ort gebunden, waren sie nicht in der Lage, wie die Tiere und die Menschen der Katastrophe auszuweichen. Des Lichtes beraubt, verkümmerten die Blätter und fielen ab. Die furchtbare Kälte des Weltenraumes ließ das Wasser in den Holzfasern erstarren, und das Eis sprengte die Stämme. In kürzester Frist waren alle Pflanzen, ob groß, ob klein, eingegangen, und mit ihnen waren alle Tiere, die sich von ihnen ernährten, dem Hungertode preisgegeben. Die fleischfressenden Tiere aber, dadurch ihrer Nahrung beraubt, folgten ihnen sehr schnell nach.

Nur der Mensch, der fand auch jetzt noch einen Weg, und er machte sich sehr schnell daran, ihn zu gehen, denn alles konnte er jetzt verlieren, nur keine Zeit.

Hier im Gebirge fand sich nämlich noch ein tätiger Vulkan. Sein Schacht reichte sehr tief in die Erde hinab, und so konnte er die letzte Glut, die noch im Mittelpunkt unserer Erdkugel schwelte, für sich ausnützen. Es war kein jugendlich-temperamentvolles Feuer mehr, das in seinen Gängen glimmte, es war mehr das müde Flackern einer langsam verlöschenden Flamme, aber es reichte aus, um die Luft in den Spalten des Berges angenehm zu durchwärmen und vor allem, um das Eis zu schmelzen, damit wir Trinkwasser hatten.

»Damit wir Trinkwasser hatten . . .!« Wie überheblich das klingt. Als ob der Berg keine andere Aufgabe zu erfüllen hatte, als uns Menschlein mit Trinkwasser zu versorgen. Aber so ist der Mensch: Bis zum letzten Herzschlag des letzten Menschen wird er immer glauben, daß alles, was geschieht, nur und ausschließlich zu seinem eigenen Nutzen geschieht.

Damals lebten noch ungefähr sechstausend Menschen. Diese Zahl war nicht sehr groß, und die Forscher behaupteten, daß durch die Not und die bedrückende Düsternis der Lebenswille der Menschen gebrochen war und daß daher nur sehr wenige Kinder geboren wurden. Aber ich vermag das nicht recht zu glauben. Gerade in den Zeiten der Not regt sich in den Lebewesen der instinkthafte Wille, das Geschlecht zu erhalten und mehr Kinder ins Leben zu setzen, weil sie wissen oder ahnen, daß doch nur wenige davon am Leben bleiben werden.

Auch die Frauen sind in Zeiten der Not besonders widerstandsfähig und können Hunger, Sorgen und Strapazen viel leichter ertragen als die Männer. Beim Todeskampf der Tiere haben unsere Forscher und Denker das immer wieder beobachten können. Es ist, als ob die Natur vor allem die Weibchen erhalten will, weil sie weiß, daß alles verloren ist, wenn die Aufzucht der Nachkommen nicht sichergestellt werden kann.

Welches nun auch die Gründe für unsere sinkende Zahl gewesen sein mögen, eines ist sicher: Sie nahm von Jahr zu Jahr ab.

Zwar: Unsere Zahl nahm ab, nicht aber unsere Intelligenz. Je weniger wir wurden, um so klüger wußten diese wenigen zu handeln. Man könnte denken, daß das Quantum Geist, das sich vorher auf viele Hunderttausende erstrecken mußte, nun in ein paar Tausenden zusammengedrängt war.

Jedenfalls brachten diese wenigen Menschen im Kampf um das Leben so viele geniale Einfälle, Entdeckungen und Verbesserungen hervor, daß sie allein schon rein zahlenmäßig alles übertreffen, was bisher in unserer Welt geleistet worden ist, von dem überwältigenden Maß an Vernunft, das in manchen dieser Erfindungen steckt, ganz zu schweigen.

Zwei geistreiche Schöpfungen vor allem sind es, denen wir Menschen, die wir nach dem Erlöschen der letzten Feuer des Vulkans in der steigenden Kälte zu leben gezwungen waren, es verdanken, daß wir diesen Kampf siegreich bestehen konnten.

Die eine war die Entdeckung der Arbeitsweise des pflanzlichen

Organismus', der es versteht, aus den Kristallen des Erdbodens durch Umwandlung Stoffe herzustellen, die für die Ernährung organischer Körper geeignet sind; die zweite war die Fernhaltung der Eiseskälte von unseren Leibern, ohne daß wir etwas anderes dazu verwenden konnten als die eigene Körperwärme.

Diese letztere Erfindung wurde gemacht, als alle Menschen, die vor kurzem noch lebten, kleine Kinder waren . . . Es sind die letzten Kinder, die auf diesem Erdball geboren worden sind, denn so bewundernswert diese Erfindung auch war, sie machte es den Menschen unmöglich, sich weiter fortzupflanzen.

Als wir geboren wurden, zuckten im Vulkan noch die letzten Flammen. Aber jeder, der es sehen wollte, konnte es sehen, daß die Tage des Feuers gezählt waren. In einigen tiefgelegenen Höhlen hatten sich die Menschen zusammengedrängt; zum Tode verurteilt, wartete jeder gleichmütig auf die Erfüllung seines unabänderlichen Schicksals.

Da, als eine kleine Expedition immer tiefer in die Welt der Höhlen und Schluchten des Vulkans eindrang, entdeckte plötzlich ein Forscher in einer Spalte eine geringe Menge von einer seltsamen, dehnbaren Substanz, offenbar pflanzliche oder tierische Rückstände, die von den Dämpfen und Glutflüssen des unterirdischen Feuers beeinflußt worden waren, Rückstände, die sich am Feuer schmelzen und formen ließen und die von einer ganz erstaunlichen Isolierfähigkeit waren.

Man wußte erst nicht, was man mit diesem Stoff anfangen könnte, aber dann kam ein Forscher auf die Idee, daraus einen Körperüberzug zu formen, um auf diese Weise die Kälte vom Körper zurückzuhalten. Er machte einen Versuch, und dieser Versuch glückte über alle Maßen. Mehr als vierzig Tage lebte er, von seiner eigenen Körperwärme warmgehalten, an den verschiedensten, eiskalten Orten unserer Welt und fühlte sich wohl und zufrieden dabei.

Unter den Menschen brach ein großer Jubel aus. Jeder glaubte sich schon gerettet. Als man aber daran ging, die Vorräte dieser geheimnisvollen Masse zu bergen, zeigte es sich, daß sie nur sehr klein waren und höchstens ausreichen würden, drei- oder vierhundert Menschen zu bekleiden.

Eine Zeitlang war man darüber ziemlich verzweifelt. Einer betrachtete den anderen mit Mißgunst und Neid, aber dann schlug ein Priester vor, daß man die Kinder damit bekleiden solle, denn sie würden am längsten von allen Anwesenden leben, und bei ihnen würde daher der kostbare Stoff am besten angewandt sein.

Nach langen Debatten entschied man sich für diesen Plan. Er ist sicher einer der hochherzigsten Entschlüsse, der je von Menschen auf allen bewohnten Sternen gefaßt worden ist. Unsere Eltern, Freunde und Stammesgenossen gingen freiwillig in den Tod, damit wir noch eine kurze Zeit des Lebens geschenkt bekamen.

So wurden dreihundertdreiundvierzig Kinder dem Leben gerettet, dazu zehn der klügsten und erfahrensten Erwachsenen, sieben Männer und drei Frauen, die uns als Lehrer auf den Lebensweg mitgegeben wurden.

Noch einmal wurde das Erlöschen des Lebens auf unserem Stern hinausgeschoben.

Aber der Sieg, den wir damit errangen, war nur ein scheinbarer Sieg. Er wurde mit grausigsten Opfern erkauft.

In die Schutzhüllen gezwängt, waren wir zu abgekapselten Maschinen geworden. Wir glichen den Steinbildern, wie sie unsere Ahnen sich zur Freude und Lehre geschaffen hatten, Steinbildern, denen ein Gott Atem eingehaucht hat und denen er für eine befristete Zeit gestattete, zu leben und einherzuschreiten.

Waren wir eigentlich wirklich noch Menschen? Kaum, wenn man aus den alten Büchern erfährt, was ein Mensch früher gewesen ist.

Von den dreihundertdreiundfünfzig Menschen, die vor drei Jahrzehnten in die Hüllengefängnisse gezwängt wurden, sind siebenundzwanzig – neun Lehrer und dazu achtzehn Kinder – gestorben; wir übrigen dreihundertsechsundzwanzig vegetierten dahin, vollgefüllt mit Verstand, beladen mit dem reichen Wissen einer großen Vergangenheit, aber jeder auf sich gestellt und einer dem anderen fremd.

Diese Hüllen, die wir nun schon seit unseren Kindertagen tragen, sind nämlich ein fingerdicker Überzug, der unseren Körper umschließt, ohne an dem Körper festzuhaften. Die zwischen Haut und Hülle vorhandene Luft sowie die Luft, die in dem weichen, porösen Überzug steckt, läßt die Körperwärme nicht hinaus und die Kälte der Luft nicht hinein. So heizen wir uns durch uns selbst.

Da der Stoff, aus dem die Hüllen seinerzeit auf die Körper gegossen wurden, überaus dehnbar ist – sonst hätte man uns als Kinder nicht hineinzwängen können, in der Gewißheit, daß wir sie noch als Erwachsene tragen können –, werden wir in unseren Bewegungen nicht gehemmt!

An der Stelle, wo die Augen sind, ist er durch ein chemisch-technisches Verfahren, über das mir nichts Näheres bekannt ist, durchsichtig gemacht worden, sonst sind die Hüllen von einer schmutzig grüngrauen Farbe.

Ghel erzählte mir eines Tages, daß unsere Eltern, bevor sie darangingen, uns Kinder in diese Masken zu kleiden, versucht haben, dem ganzen Kopfteil diese Durchsichtigkeit zu geben, damit wir die Möglichkeit hatten, uns gegenseitig zu erkennen. Zu diesem Zweck mußte der ganze Kopfüberzug hauchdünn ausgeschliffen werden, was auch gelang. Aber bei einer Probe zeigte sich dann, daß durch diese dünne Haut die Kälte mit fast unverminderter Heftigkeit schlug und daß es daher nicht möglich war, ihr zu trotzen.

Darüber war man verzweifelt, und es sah fast so aus, als ob der Plan, uns zu retten, daran scheitern würde. Nur schweren Herzens entschloß man sich endlich, die Durchsichtigkeit auf die Augenpartie zu beschränken, und das ist der Grund, warum wir so wenig voneinander wissen.

Die Angst, die unsere Eltern hatten, daß wir uns nämlich nun nicht mehr erkennen würden, diese Angst hat sich allerdings nicht bestätigt. Wir haben es gelernt, unsere Ohren so zu schulen, daß sie nicht nur trotz des dicken Panzers, der über ihnen liegt, gut hören können, wir haben auch ein so feines Gefühl für die Tonnuancen bekommen, daß wir jeden unserer Gefährten sehr leicht an dem Klang der Stimme erkennen können, ja unser Gehör ist so fein, daß ein einzelnes Wort genügt und daß selbst – wir haben es oft aus Spaß ausprobiert – ein absichtliches Verstellen der Stimme uns nicht irreführen kann.

Am Mund ist eine winzig kleine Öffnung gelassen, durch die wir unsere Nahrung schieben können. Das ist unsere einzige Verbindung mit der Außenwelt. Aber selbst durch diese kleine Öffnung strömt so viel Kälte hinein, daß die Körperwärme nicht immer damit fertig wird. Einige unserer Leute sind bereits daran gestorben.

Unsere zu kleinen Kugeln geformte Nahrung ist so zusammengesetzt, daß es im Körper keine Rückstände, weder in fester noch in flüssiger Form, gibt, so daß also in dieser Beziehung keine Komplikationen in unseren Hüllen auftreten – um auch diese Sorge von dir zu nehmen.

Ich sagte bereits, daß wir klein waren, als die Feuer erloschen und unsere Eltern starben, um uns zu retten. Keine Erinnerung daran ist uns geblieben. So kam es, daß niemand von uns weiß, wie eigentlich ein Mensch aussieht. Wir kennen nur die Schutzhüllen, hinter denen das verborgen ist, was wir einen Menschen, eine Seele, ein Wesen nennen. Wir kennen nur ein starres, kaltes, düsteres Bildwerk, aber wir wissen nichts von den Regungen des Gefühls, von den Gedanken, die sich dahinter verbergen.

Wenn ich in den alten Büchern lese: »Als der Geliebte auf sie zuschritt, errötete sie, und das Klopfen ihres Herzens war bis zum Hals hinauf zu spüren«, so kannst du dir kaum denken, wie sehr mich dieser einfache Satz erregt.

Das alles ist uns fremd. Wir starren uns aus unseren Hüllen an und versuchen zu ergründen, was hinter ihnen vorgeht, aber wir erfahren nur das, was der andere uns gutwillig sagen will. Kein schneller Schlag des Herzens, kein Erröten der Wangen, kein Zittern der Lippen verrät uns ein weniges von den Dingen, die hinter der glatten, so entsetzlich nüchternen Gewandung vor sich gehen.

Wir werden keine Kinder haben, denn die Leiber können nicht zueinanderkommen. Manche von uns schätzen einander, es gibt Freundschaften und eine Gemeinsamkeit der Arbeit, aber Liebe, nein, was Liebe ist, das haben wir nie erfahren. Wir lesen davon in den Büchern, aber das ist, als wenn ein Blinder über die Farbe reden hört. Wir lesen davon, aber wir können uns nichts Rechtes darunter vorstellen.

Wir haben sehr darunter gelitten, und viele unserer Gespräche haben sich damit befaßt, wie überirdisch schön das Leben sein müßte, wenn wir auch nur so leben könnten wie unsere Eltern: gefangen in den Schluchten eines erlöschenden Vulkans, aber doch wenigstens Herr des eigenen Körpers. Wie wollten wir uns in Liebe verströmen. Wie wollten wir dem Glück und der allgemeinen Zufriedenheit leben. Wie wollten wir die Mißstimmung und die Unzufriedenheit – die ewigen, unvertreibbaren Begleiter unserer Tage – aus unserem Dasein verbannen. Wie wollten wir das Leben zu einem sorglosen Freudendasein machen, wenn uns das Schicksal das große Glück schenken würde, unseren Gefängnissen entfliehen zu können.

Ah, das Schicksal hat uns dieses Glück geschenkt. Wir müßten jetzt in Freuden und Frieden und Ruhe dahinleben. Wir müßten ein einziges, großes, gemeinsames Leben der Liebe führen. Aber was ist aus unserem Leben geworden!?

Es ist erloschen.

Im Rausch einer zügellosen Raserei ist es zertreten worden, zerfetzt, zerrissen. Die Leiber, den Gefängnissen entflohen, haben sich zerfleischt.

Die befreiten Dämonen der Brust sind auferstanden und haben die Menschen erschlagen.

In wenigen Tagen sind dreihundertfünfundzwanzig eines jähen, schmählichen Todes dahingestorben.

Nur einer ist davon verschont geblieben, einer, dazu auserwählt, die Schmach dieser letzten Tage zu berichten.

Einer!

Ich!!

Aber auch meine Tage sind schon gezählt.

Ich höre die letzten Krümchen des Sandes an den Wänden meiner Lebensuhr abwärtsgleiten. Gleich sind sie an dem dünnen Schlauch, der die Zukunft in die Vergangenheit wandelt.

Gleich!

Dann wird endlich die große Stille auf diesem Stern eingezogen sein. Die große Stille, in der man nur noch den Atem Gottes hört. Den Atem Gottes, den dann der Lärm der Menschen nicht mehr stört.

3. Melancholie der Gefühle

Wir waren vier, die wir uns am Ausgang des Ortes trafen: außer Uhba und mir der Priester Ghel und schließlich ein Mann namens Mot, der Assistent des Ingenieurs unserer kleinen Welt.

Der Priester war der älteste von uns. Er war seinerzeit als Lehrer dem Tode entgangen und jetzt der einzige der noch lebenden Menschen, der selbst kennengelernt hatte, wie das Leben früher gewesen war.

Er sprach sehr selten darüber, nur, wenn man ihn ausdrücklich danach fragte, denn er war ein kluger Mensch und wußte, daß die Menschen allen schönen Worten der Dichter und Philosophen zum Trotz Sklaven ihrer Hoffnungen und Wünsche sind und daß es daher nicht guttut, ihnen in der Not zuviel vom Schönen zu reden.

Niemand wußte genau, wie alt er war. Er selbst schwieg sich darüber aus, und feststellen konnten wir selbst es ja nicht. Sein Gesicht war uns verborgen, nur seine etwas gebeugte Gestalt verriet, daß er wesentlich älter war als wir anderen. Wir vermuteten, daß er mehr als doppelt so alt war wie wir, aber niemand vermochte etwas Bestimmtes darüber zu sagen.

Mot war ein sehr sachlicher, nüchterner Mensch. Er dachte weder an die Vergangenheit noch an die Zukunft. Er lebte voll und ganz der Gegenwart, und wenn er sich schon einmal herbeiließ, an einem Gespräch teilzunehmen, so wußte er es immer sehr schnell auf die

Arbeiten zu bringen, die ihn gerade beschäftigten. Unsere kleine Gemeinschaft verdankt ihm sehr viel, denn er hat manches erdacht, das dazu dient, uns das Leben zu erleichtern.

Gleich hinter dem Ort begann der Weg ziemlich stark zu steigen. Einige Zeit ist er ein wirklicher Weg, denn hier pflegen wir entlangzugehen, wenn wir einen kleinen Erholungsspaziergang zu machen beabsichtigen. Aber unser Bewegungsbedürfnis ist im allgemeinen nicht sehr groß. Die meisten hocken, wenn sie ihre Arbeit beendet haben, apathisch auf den Stühlen in ihren Wohnungen und verdämmern die Zeit, indem sie auf etwas warten, das nie kommen wird. Und so hörte der Weg bald auf. Die wenigen Spaziergänger und die Besucher des erloschenen Vulkans aber reichten nicht aus, um in der steinigen Wüste des Gebirgsabhanges so etwas wie einen Weg auszutreten.

Doch wenn man die Richtung kennt, ist es auch ohne Weg nicht schwierig, den Berg zu besteigen. Man muß nur die Regionen der ausgeflossenen und erhärteten Lava vermeiden und sich an die Stellen halten, die früher die Regengüsse und der Wind glattgewaschen haben.

Mot blieb von Zeit zu Zeit stehen, betrachtete kritisch ein Stück Gestein – er betrachtete alles kritisch und sehr gründlich – und warf es dann entweder fort oder steckte es in eine Tasche, die er an einem Riemen über die Schulter trug.

»Was mag er nur mit den Steinen wollen?« fragte ich Uhba.

»Was wird er damit wollen«, antwortete sie lachend, »vielleicht einen schönen Nachtisch zur Auffrischung unserer eintönigen Mahlzeiten herauskristallisieren.«

Mot sah uns eine Weile schweigend an, und dabei strich seine Hand zärtlich über die Tasche, in der die Steine klapperten.

»Man muß suchen, immer wieder suchen«, sagte er langsam. »Manchmal findet man etwas, manchmal auch nicht.«

»Ist es denn so wichtig, daß man immer wieder etwas findet?« fragte der Priester.

»Es ist wichtig!« antwortete Mot. »Hast du dir noch niemals Gedanken darüber gemacht, daß wir doch Luft verbrauchen und daß es die Pflanzen waren, die sie früher erneuerten. Jetzt gibt es aber keine Pflanzen mehr.«

»Oh«, rief Uhba munter, »dann steht also zu vermuten, daß die Luft eines Tages knapp werden wird, nicht wahr, das willst du doch damit sagen, Mot?«

»Ganz recht, Uhba, das wollte ich sagen.«

»Was kümmert das uns! Bis dahin werden wir alle längst gestorben sein.«

»Vielleicht kümmert es uns doch etwas. Die Luft wird nämlich nicht erst eines Tages knapp werden, sie wird jetzt schon knapp . . .«

Uhba tastete erschrocken nach meinem Arm, aber sie sagte nichts. Ich weiß nicht, ob der Schreck ihr die Sprache verschlagen hatte oder ob sie es für unnütz hielt, Mot zu unterbrechen.

»Wir merken es im Augenblick zwar noch nicht«, fuhr Mot fort, »aber ich habe die Luft nachgemessen. Der Verlust ist schon recht erheblich. Fast sechs Prozent.«

»Hmmm!« stöhnte Uhba, und ihre Finger krallten sich fest in meinen Arm.

»Und wie lange kann es nach deiner Meinung noch gutgehen?« fragte nach einiger Zeit der Priester.

»Nicht mehr lange.«

Uhbas Griff an meinem Arm wurde schlaffer, und ich merkte daran, daß sie die Gewalt über ihre Nerven wiederbekommen hatte.

»Und die Steine, die du sammelst, stehen damit in Zusammenhang?« fragte sie.

»Ja. Die Pflanzen haben sich die Kraft zur Umwandlung des Stickstoffes in Sauerstoff aus der Erde geholt. Aus den Mineralien. Ich bin der Sache nachgegangen und habe alle Stoffe zusammen, bis auf zwei.« Er knirschte mit den Zähnen, und das Starren seiner Augen wurde so stechend, daß sich Uhba von ihrem Platz zwischen uns beiden an meine andere Seite begab.

»Zwei fehlen mir noch«, schrie Mot, »aber ich bin ihnen auf der Spur. Ich *werde* sie finden, denn ich *muß* sie finden. Ich habe die Natur noch immer besiegt, und ich werde es auch diesmal tun.«

»Du bist ein Narr«, sagte der Priester mit gutmütigem Spott. »Du hast die Natur noch nicht ein einziges Mal besiegt. Du hast eine kleine Anleihe bei ihr gemacht, das ist alles. Und die Natur ist gutmütig genug gewesen, es zu dulden. Aber damit ist ja nicht gesagt, daß sie es immer dulden wird. Eines Tages schlägt sie zurück, Mot. Glaube es mir, sie schlägt zurück, wenn sie merkt, daß euer Drang, ihr ins Handwerk zu pfuschen, ohne Grenzen ist.«

»Soll sie nur zurückschlagen, soll sie nur«, rief Mot und schüttelte drohend seinen Arm gegen einen unsichtbaren Gegner. »Ich kann auch schlagen, und ich habe schon geschlagen. Hätte ich nicht geschlagen, sie würde uns schon längst umgebracht haben. Aber sie wagt es nicht. Sie weiß, ich bin kein Schwächling und weiß mich zu wehren.«

»Du bist ja wahnsinnig, Mot«, sagte Uhba entsetzt.

»Vielleicht ist dieser Wahnsinn das erste Zeichen, daß die Natur doch beginnt zurückzuschlagen«, sagte der Priester bedächtig. »Mot, du solltest dankbar anerkennen, daß das Schicksal dir die Kraft gegeben hat, Großes zu leisten. Aber du solltest dich nicht für unfehlbar halten. Dieser Dünkel verleitet dazu, die Grenzen des Könnens und der Macht zu übersehen. Eines Tages werden wir dann alle die Rechnung deiner Überheblichkeit bezahlen müssen.«

Während dieses stürmischen Streitgespräches waren wir ein ganzes Stück gestiegen. Der Ort lag nun schon klein und unbedeutend weit unter uns. In dem dämmerigen Licht verschmolzen die Straßen zu grauen Linien, neben denen die Häuser wie große, klobige Würfel wirkten.

Von hier oben war es deutlich zu sehen, und jetzt fiel es mir eigentlich auch zum erstenmal so richtig auf, wie groß die Stadt war. Wir hockten in einem viel zu weiten Gewand.

In früheren Zeiten hatten hier einmal einige zehntausend Menschen gewohnt. Sie waren gegangen, aber ihre Häuser standen noch. Ein trauriges und bedrückendes Zeichen der irdischen Vergänglichkeit, neben dem die eben verklungenen Worte der Überheblichkeit Mots einen ganz besonders schalen und widerlichen Klang bekamen.

In der Ferne war zwischen zwei sanft geschwungenen Bergrücken ein Stück Meer zu sehen. Es war jetzt starr und tot. Der letzte Schein der erlöschenden Sonne gab ihm einen zarten Hauch von rötlicher Farbe, die etwas Unheimliches und Bedrückendes hatte.

Melancholie lag über der unheimlichen Stille der Landschaft. Das herbe Bild der leblosen Welt war ein einziger Gesang der Vergänglichkeit. Der Klang dieses Liedes war so ernst und schwer, daß sich selbst Mot ihm nicht entziehen konnte. Er schwieg und ließ seine Augen stumm über das herrliche, aber so unendlich düstere Panorama wandern. Niemand von uns wußte, was seine Gedanken sein mochten, obwohl wir alle drei ihn neugierig ansahen.

Nach dem Streit und dem ergreifenden Blick auf die Weite einer sterbenden Welt war uns die Lust zur Unterhaltung vergangen.

Wir beschleunigten unsere Schritte und stiegen weiter bergan. Aber wir schwiegen. Niemand wußte im Augenblick etwas zu sagen, und obwohl wir das Keuchen unseres Atems hörten, waren wir wohl alle grenzenlos allein.

Nach einer Weile kam Uhba an meine Seite. Sie sah mich eine ganze Zeit prüfend an und bohrte dann ihre kleine Hand in meine Faust.

»Verzeih mir«, sagte sie leise.

Ich blickte verwundert auf ihre schmächtige Gestalt, die so viel Kraft enthielt und der es nichts auszumachen schien, mit uns kräftigen Männern Schritt zu halten.

»Ich habe dir doch nichts zu verzeihen, Uhba«, antwortete ich.

»Du bist ein kluger Mensch, Ivo. Ich komme mir neben dir so niederschmetternd dumm vor.«

»Und was habe ich getan, um dir solche kindische Meinung von mir beizubringen?«

»Tu doch nicht so, Ivo. Jetzt verstehe ich, warum du dich immer gesträubt hast, mit uns auf den Berg zu steigen. Das Geschwätz dieses Menschen muß doch furchtbar für dich anzuhören gewesen sein.«

»Vielleicht war es gar nicht so furchtbar, Uhba. Es war sicher dumm, was Mot gesagt hat, aber seit dieser Unterhaltung fängt ein ganz neuer Gedanke an in mir aufzublühen. Ein erschütternder Gedanke, aufregend und von der Klarheit der ganz großen Wahrheiten.«

»Und was ist dieser Gedanke?«

Ich ging eine Weile schweigend neben Uhba her, und da sie eine Frau war, faßte sie dieses Schweigen sofort falsch auf.

»Verzeih mir, wenn ich dich nach Dingen gefragt habe, über die du noch nicht sprechen willst«, sagte sie und strich mir begütigend mit der flachen Hand über den Arm.

»Aber ich *will* mit dir darüber sprechen. Ich weiß nur noch nicht recht, wie ich den Gedanken in Worte fassen soll, um nicht mißverstanden zu werden. Nichts läßt sich so schwer ausdrücken wie eine Erfahrung der Alltäglichkeit. Auf die Gefahr hin, von dir mißverstanden zu werden, möchte ich also meine Überlegungen so fassen: Wenn wir von der Menschheit sprechen, renommieren wir immer mit ihren klügsten Gedanken, aber das Leben formt sich aus den dümmsten Taten, und so kommt es, daß sich das Genie und der einfache Mensch nicht verstehen, sondern aneinander vorbeileben.«

Uhba drehte sich plötzlich um und blieb dann stehen.

»Wir müssen auf die beiden anderen warten«, sagte sie. »Wir sind so schnell gegangen, daß sie uns nicht folgen können.« Erst nach einiger Zeit fuhr sie leise fort: »Vielleicht hast du recht, Ivo, falls ja, so glaube ich, daß gerade aus der Spannung zwischen diesen beiden Polen, dem Vorwärtsdrang des Genies und der Lethargie der Masse, die Menschheit die Kraft zum Leben gezogen hat. Alles in der Natur entspringt ja der Spannung zwischen zwei Polen: sei es der männliche und weibliche der Tierwelt, der Plus- und Minuspol der Elektrizität, Neid und Liebe im menschlichen Herzen . . .«

»Ja . . . es ist alles Spannung in der Natur. Aber es ist ein verschwenderisches Prinzip, mit dem sie da arbeitet. Wieviel stärker müßten die Leistungen sein, wenn nicht die Gegensätze sie schaffen, sondern wenn alle Teile gemeinsam daran arbeiten würden, sie hervorzubringen.«

»Ich glaube, jetzt fängst du an zu phantasieren, Ivo«, sagte Uhba, und mir schien, als ob ihr Ton recht mitleidig klang.

»Es mag sein. Vielleicht hat mich der Ingenieur mit seinen verrückten Ideen verhext. Weißt du, keine Idee hat solche Kraft wie eine verrückte. Die Vernunft wirkt immer nur wie eine große Bremse.«

»Ich denke, du hältst so viel von der Vernunft?«

»Das tue ich auch, Uhba. Oder möchtest du ohne Bremse in dem Wagen unseres Schicksals sitzen, der sich doch auf einer recht abschüssigen Bahn befindet. Diese Ingenieure bilden sich so viel ein, dabei sind sie doch nichts anderes als – noch dazu recht dürftige – Handlanger der Natur. Ja, wenn es ihnen gelänge, das Spannungsprinzip der Natur zu verlassen und etwas zu schaffen, was nicht aus den Abfällen der Gegensätze lebt, ja dann, Uhba, dann könnten sie ihre Nasen hoch tragen, denn dann hätten sie wirklich etwas geschaffen, und man brauchte nicht bei jeder neuen Idee die Nackenschläge zu fürchten, die schon irgendwo im verborgenen auf uns lauern . . .«

4. Der Mann im Vulkan

Zwei Stunden später hatten wir den Gipfel des erloschenen Vulkans erreicht.

Der Sonnenball stand jetzt hoch über uns. Seine rote Scheibe, verunziert von den dunklen Flecken der erkalteten Schlacken, zerfressen von tiefen Tälern, aus denen Bedrohung uns anzustarren schien, hing schwer über dem düsteren Land.

Es hat Zeiten gegeben, da sich die Menschen an der strahlenden Feuerkugel der Sonne aufrichteten und erfreuten, ja, da sie in ihr, und nicht ohne Berechtigung, die göttliche Mutter des irdischen Lebens erblickten. Unsere Bücher sind voll von solchen ehrfürchtigen Äußerungen. Für uns aber ist es schwer, diese liebende Begeisterung zu verstehen. Für uns ist die blutigrote Scheibe ein Mal des Todes; es kostet Überwindung, sie zu betrachten.

Hier oben aber, in der klaren Luft des Berges, war ihr Anblick noch tausendmal bedrückender als unten in der Stadt, wo der Staub der Straßen die drohende Röte und die Angst einflößenden Löcher der Schlacke mitleidig verschlucken.

Wir warfen daher alle nur einen flüchtigen Blick zu ihr hinauf (ich glaube, selbst der Priester Ghel, ein glaubensstarker und furchtloser Mann, hielt es so) und verschwanden eilig in den krummen Gängen der erloschenen Lavabahnen.

Mot hatte eine der von ihm erfundenen Zersetzungslampen mitgebracht, die, unter Ausnützung des Zerfalls bestimmter mineralischer Stoffe (wenn ich recht unterrichtet bin, denn ich verstehe wenig von diesen Dingen und sehne mich auch nicht danach), ein bescheidenes, kaltes Licht erzeugen. Ohne diese Lampe hätten wir gar nicht in die Finsternis eindringen können, denn der geringfügige Rest von Glut, der sich noch in dem Berge befindet, ist so schwach, daß er sehr wenig Wärme erzeugt und nur einen ganz kleinen Teil der Höhlengänge erleuchtet.

Auch mit Mots Lampe war das Vorwärtskommen schwierig genug. Die Lava war in den bizarrsten und seltsamsten Formen erstarrt, und so war der Boden mit langen, spitzen Zacken, breiten Buckeln, Löchern, Vorsprüngen und den seltsamsten Verschnörkelungen ausgestattet.

Wir mußten sorgsam auf unsere Schritte achten, um nicht zu Fall zu kommen.

Es erschien mir, je weiter wir vordrangen, immer unverständlicher, daß sich die Menschen so zu diesem Berg hingezogen fühlen und daß kaum eine Handvoll Tage vergeht, ohne daß jemand oben gewesen wäre. Ich glaube, es muß doch ein Rest von Instinkt sein, der die armen, gehetzten und geplagten Menschen immer wieder hertreibt, in der stillen, wenn auch uneingestandenen Hoffnung, hier doch irgendwo einen letzten, kleinen Ruheplatz der Geborgenheit zu finden.

Wenn es so ist, wie stark muß dann dieser Trieb sein, daß er selbst vor der Hoffnungslosigkeit nicht kapituliert, sondern mit nimmermüder Geduld immer wieder einen kleinen Strahl der Erwartung aufglühen läßt.

Mot führte uns in eine Reihe Höhlen, an denen wir den Abstieg unserer Eltern und Großeltern zu immer tiefer liegenden Quellen der Wärme verfolgen konnten. Wir sahen mehrere kleine Zellen, in denen die Familien gehaust hatten.

Obwohl viele Jahre vergangen waren, seit die letzten Bewohner diese Höhlen verlassen hatten, konnte man bei manchen doch denken, daß ihre Insassen nur auf einen Sprung zum Nachbarn gegangen waren, so sehr atmeten sie noch den Geist ihrer Bewohner und so wenig hatten die vergangenen Jahre an ihnen ändern können.

Wir sahen ein Zimmer, in dem die Kinder einer Familie gewohnt hatten. Eine ungelenke Hand hatte die mathematischen Formeln kleiner Rechenspiele an die Wand gemalt, und auch dies war ein unbewußtes Eingeständnis der furchtbaren Lage, in der sich die Menschheit damals schon befand. Frühere Geschlechter hatten die Wände und Bänke, die Höhlen und Tafeln mit Tierbildern und kleinen Blumenskizzen geschmückt. Die Kinder, die hier gehaust hatten, kannten schon längst keine Blumen und keine Tiere mehr. Sie bezogen ihren Drang nach Schönheit und Rhythmus und Gefüge aus den kubischen Gebilden unseres mathematischen Schulunterrichts. In einer anderen Zelle hatte ein Kind diesen Gedanken, vielleicht ebenfalls unbewußt, trefflich in Worte gefaßt, »Blumen wachsen im Himmel!« hatte es mit ungelenken Buchstaben an die Wand geschrieben.

Ja, Blumen wachsen im Himmel. Wir aber sind dazu ausersehen, auf der Erde zu leben.

Irgendwo in diesen Höhlen wohnte auch ein Einsiedler. Hau, mit Namen. Vor Jahren schon hatte er sich aus der Gemeinschaft zurückgezogen, und wir sahen ihn nur, wenn er in die Stadt kam, um sich etwas von den Nahrungsmitteln zu holen, die unsere Chemiker aus den Mineralstoffen der Erde in einem komplizierten Umformungsprozeß zu gewinnen verstanden.

Damals hatte ich ihn einmal getroffen und mit ihm gesprochen.

Recht schlau bin ich nicht aus ihm geworden. Entweder es stimmte mit ihm nicht alles und ein Schleier hatte sich über sein Gehirn gelegt, oder aber er war bei weitem der klügste Mensch, den unsere kleine Gesellschaft noch aufzuweisen hatte.

Das ist schwer zu entscheiden, aber die Grenze zwischen Klugheit und Tölpelei ist ja nie leicht zu verfolgen gewesen.

Eine Unterhaltung mit ihm gab mir jedenfalls manches zu denken.

Auf meine Frage, warum er sich so völlig ausschließe, hatte er nämlich geantwortet, daß die Gemeinschaft Vorschriften erlasse und Lüste erwecke und daß beides der geistigen Entwicklung des Menschen nicht förderlich wäre.

Meine weitere Frage, ob er sich denn in der Einsamkeit wenigstens glücklich fühle, verneinte er. Gott, so etwa sagte er, hätte dem Menschen den Verstand gegeben, aber dafür die Freude genommen. Der Verstand macht skeptisch, und ein Skeptiker kann nie froh sein. Ein Tier kann sich freuen und sich dem Glück der Stunde hingeben, bei den Menschen können das nur sehr wenige, und bei denen sei es mit der Fähigkeit zu denken nur sehr schlecht bestellt. Was ihn selbst anbeträfe, so bleibe er nur am Leben, weil er neugierig sei, die Entwicklung zu verfolgen, die wir nehmen würden. Viel Gescheites würde dabei nicht herauskommen, aber unser Geist sei ja nun einmal so eingerichtet, daß er sich an der Tragik mehr berausche als am Glück, und daher könne es für ihn doch vielleicht ganz unterhaltsam sein, dieses bittere Leben noch eine Weile weiterzuschleppen.

Diese Unterhaltung fiel mir wieder ein, als wir uns durch die Lavagänge vorwärtstasteten.

Mein Wunsch, Hau in seinem Asyl aufzusuchen, fand seltsamerweise sowohl bei Mot, der den Besuch für reine Zeitverschwendung hielt, wie bei Ghel, der eine unerquickliche, blasphemische Unterhaltung fürchtete, keine Gegenliebe. Nur Uhba, die Hau noch nie gesehen hatte, war sofort sehr eingenommen von meinem Vorschlag.

»Laß uns doch allein gehen«, schlug sie vor, »wir können uns ja nachher hier alle wieder treffen . . .«

Davon aber wollten weder der Ingenieur noch der Priester etwas wissen, und so machten wir uns dann doch alle vier auf den Weg. Wir mußten sehr weit hinabsteigen. Ohne Mots Führung, der von seinen vielen Bergbesteigungen Haus Klause kannte, hätten wir nie hingefunden.

Hau lebte in einer Höhle, die sich dicht neben dem ehemaligen Hauptkrater befand. Er hatte sie gewählt, weil die schwachrote Glut der Lava noch immer etwas Licht ausstrahlte, gerade ausreichend, daß man die Zacken und Vorsprünge der Wand vermeiden konnte.

Als wir eintraten, ruhte Hau auf einem Lager von Moosen, die er von den Wänden der unterirdischen Gänge abgeschabt und zu einem recht weichen Ruhebett aufgepackt hatte.

Er starrte uns erst eine Weile nachdenklich an, bevor er es für notwendig hielt, sich zu erheben.

»Fallen euch die Häuser auf den Kopf, daß ihr euch hierher flüchtet?« fragte er spöttisch, auf einer Ecke seines großen Ruhelagers hockend und mit den Armen zwischen den Beinen hin und her pendelnd.

»Wir dachten, daß dich Gesellschaft etwas zerstreuen würde«, sagte Ghel bedächtig.

»Wenn ihr glaubt, daß ich mich langweile, dann irrt ihr euch sehr. Zerstreuung und Abwechslung liegen nicht in den anderen Menschen, sondern in einem selbst.«

Der Priester warf einen nachdenklichen Blick auf den Einsiedler. Irgendeine Frage schwebte ihm auf den Lippen, aber er unterdrückte sie und wandte sich von dem Manne ab.

Und wieder einmal konnte ich den Schmerz nicht überwinden, daß es uns das Schicksal verwehrt hatte, den Widerschein unserer Empfindungen von den Gesichtern unserer Freunde und Gegner abzulesen.

Wir schwiegen längere Zeit.

Ich glaube, uns allen vier war dieses Schweigen unangenehm und peinlich. Nur Hau nicht, denn er war gewohnt zu schweigen, und das Sprechen schien ihm mehr Sorgen zu machen als das Stummsein.

Uhba war in der Höhle herumgegangen und hatte die seltsamen Zeichen betrachtet, die Hau an die Wand seiner Behausung gemalt hatte. Es waren nur Ringe und Kreise und Rhomben und Rechtecke, aber ihre Linien schnitten sich auf so mannigfaltige Weise, daß immer wieder neue und überraschende Muster entstanden.

Vielleicht war es nur eine Spielerei, aber dann war sie wohldurchdacht. Vielleicht war aber auch ein tiefer Sinn dahinter verborgen, denn bei Hau wußte man nie, woran man mit ihm war. Uhba war eine Frau, und daher tat sie das, was keiner von uns drei Männern zu tun wagte; sie fragte Hau nach dem Sinn dieser seltsamen Zeichen.

»Sinn?« fragte Hau verwundert. »Was seid ihr nur für seltsame Menschen. Muß denn alles einen Sinn haben? Haben denn die Welt und das Leben und der Mensch einen Sinn? Können alle diese Dinge nicht einfach nur dasein, weil sie schön sind? Kann man sich denn an den Dingen nicht erfreuen, ohne immer gleich fragen zu müssen ›Warum und weshalb und wozu?‹ Gott hat sicher nicht geahnt, was er tat, als er den Menschen schuf. Diesen ewigen Frager, diesen unentwegten Nützlichkeitsapostel, diesen . . .«

Hau brach plötzlich ab und starrte auf die Tür.

Vom Gang her drang ein leises Rascheln in die Klause des Einsiedlers.

Hau stieß einen kleinen, schrillen Pfiff aus, und dieses Pfeifen wurde von jenseits des Eingangs sofort erwidert.

Verblüfft drehten wir uns um, und die Münder blieben uns vor Erstaunen offenstehen.

Durch die Tür schlichen zwei kleine, vielleicht eine Fingerspreize hohe Tiere mit langem rötlichem Fell und blauen, leuchtenden Augen. Sie schritten ruhig und ohne uns zu beachten durch den Raum, sprangen leichtfüßig auf das Ruhelager und drückten sich in Haus Schoß, wo sie schnurrend und zufrieden liegenblieben.

»Was ist das?« stammelte Uhba.

»Tiere«, sagte ich leise. »Kleine, rotbraune Tiere . . . Zeugen einer versunkenen Welt.«

»Wo kommen sie her, Ivo? Du selbst hast mir oft gesagt, daß es bei uns keine Tiere mehr gibt, daß sie der Kälte erlegen sind, weil sie nicht die Fähigkeit hatten, mit denen sich der Mensch gegen die Katastrophen zu stemmen vermag.«

»Ich weiß nicht, woher sie kommen. Niemand von uns hat bisher ein Tier gesehen . . .«

»Ja«, sagte Hau, und sein Ton klang böse und gereizt, »niemand von euch hat bisher Tiere gesehen, aber ich habe viele gesehen. Ich sehe sie jeden Tag, sie sind immer bei mir . . . sie sind meine Freunde.«

»Was sind das für Tiere?« fragte der Priester.

»Tiere!« antwortete Hau. »Was brauchen sie Namen, da es nur noch diese beiden gibt. Tier ist Name genug. Und es ist ein ehrenvoller Name, denn er bezeichnet Lebewesen, die nicht fragen und doch wissen, die fordern und sich dennoch verschenken, die schweigen und doch ihre Gefühle verraten . . .«

»Oh, laß mich ihre Gesichter sehen«, sagte Uhba bittend.

»Was willst du von ihren Gesichtern, da du sie doch nicht zu deuten verstehst. Ich bedaure sehr, daß ihr hergekommen seid. Ich wäre ruhiger, wenn ich wüßte, daß ihr nichts von ihnen wißt.«

»Wir werden ihnen nichts tun«, sagte ich begütigend.

»Ihr könnt ihnen nichts tun«, verbesserte mich Hau, »weil ich da bin. Aber ich weiß: Du, der Forscher, möchtest sie gern studieren, um von ihnen zu lernen, sie beobachten und prüfen und ihnen ihre Ruhe rauben, nur damit du etwas weißt, was dich nicht glücklicher, sondern nur noch unzufriedener machen wird. Und du, der Techniker, du möchtest sie aufschneiden, um ihr Inneres zu untersuchen, vielleicht, daß du etwas findest, was den Menschen nützlich sein könnte. Obwohl das eine Einbildung ist. Es gibt nichts, was dem Menschen nützlich ist, denn der Verstand läßt keinen Nutzen, sondern nur eine ewige, bohrende Ungewißheit zu. Und du, Frau, möchtest sie zum Spielkameraden haben . . .«

»O ja«, stammelte Uhba.

»Ja, das möchtest du. Ich kenne dich. Du würdest sie zwingen, sich nach deinen Wünschen zu bewegen. Du würdest sie hätscheln, wenn sie wünschen, in Ruhe zu träumen, würdest sie zwingen, mit dir spazierenzugehen, wenn sie schlafen möchten, würdest ihnen zu fressen geben, wenn sie keinen Appetit hätten. Das alles würdest du tun, und dann würdest du sagen, daß du dich für sie aufopferst.«

»Und ich?« fragte der Priester. »Was würde ich mit ihnen tun?«

»Du?« sagte Hau, nachdem er eine Weile nachgedacht hatte. »Dir würde ich die Tiere vielleicht anvertrauen können, denn du würdest gut zu ihnen sein. Aber dennoch würden sie sich nicht wohl bei dir fühlen, denn du würdest mehr zu ihnen reden, als an sie denken. Das können sie nicht vertragen. Ein Mensch merkt es nicht so leicht, aber ein Tier ist da sehr empfindlich. Nein«, sagte er scharf, »ich bin nicht froh, daß ihr hergekommen seid. Ihr habt mir die Ruhe genommen . . .«

»Ich verstehe nicht, wie sie am Leben geblieben sein können«, sagte Mot, der bisher geschwiegen hatte, plötzlich nachdenklich.

Hau lachte höhnisch auf. »Was habe ich gesagt! Da fängst du schon an zu fragen, kaum daß du einen Blick auf die Tiere geworfen hast. Aber wenn ihr mir versprecht, sofort zu gehen, will ich dir diese eine Frage beantworten.«

Wir nickten alle zum Zeichen unseres Einverständnisses.

»Bis vor einigen Jahren«, sagte Hau, »lebte hier, tief unten in den Schluchten dieses Vulkans, noch ein ganzes Rudel dieser Tiere. Sie hockten zwischen der Glut und fraßen die Moose von den Wänden. Aber sie starben langsam dahin, denn der Lebenswille war in ihnen erloschen. Vor zehn Jahren waren es noch ein paar hundert, vor einem Jahr noch zwanzig, jetzt lebt nur noch dieses eine Pärchen. Auch seine Tage sind gezählt. Aber ich bin da, um die letzten Stunden dieser Tierchen zu bewachen. Ja, darum lebe ich noch. Wenn diese beiden Tiere sterben, dann ist das Leben auf unserem Stern wirklich erloschen. Denn das, was ihr tut, kann man nicht mehr leben nennen. Das ist ein Dahinvegetieren und nichts anderes. Und nun geht; ihr habt es mir versprochen.«

Wir standen auf und schritten stumm aus dem Raum.

Wir schwiegen lange, auch dann noch, als wir schon mehr als die Hälfte des Rückweges zurückgelegt hatten.

Ich kann es nicht recht in Worte fassen. Es gibt Gedanken, die sitzen so tief im Herzen, daß man sie nicht bis ins Gehirn bringen kann, um sie in Sprache umzuformen. Sie verschwinden auf dem Weg aus der

Brust nach oben.

Es ist daher nur ein mattes Wort, wenn ich sage: Wir fühlten uns tief beschämt.

Das Feuer (Ivos Flucht)

Ich bin draußen gewesen vor der Höhle, denn meine Hände sind steif vom Schreiben.

Die Flammen haben jetzt die Gipfel der Bergkette erreicht. Schwere Detonationen erschüttern die Luft, und der Wind fährt knatternd über die kahlen Hänge.

Die Hitze beginnt unerträglich zu werden.

Schweiß steht mir auf der Stirn; er läuft mir in die Augen und brennt. Es ist etwas Fremdes für mich, Schweiß auf der Stirn zu haben. Schweiß, nach diesen Jahren der Kälte. Ich achte daher nicht darauf und vergesse, ihn fortzuwischen. So rinnt er mir in die Augen und hindert mich, klar um mich zu sehen. Ich muß mich erst daran gewöhnen, mir den Schweiß abzuwischen. Ich muß mich an so vieles gewöhnen in diesen wenigen Tagen, die mir noch verbleiben.

Heute abend, bevor ich mich schlafen lege, werde ich noch meine paar Habseligkeiten zusammenpacken, denn es könnte sein, daß ich ganz schnell und überraschend weiter muß.

Das Feuer frißt sich nämlich mit gleichbleibender Geschwindigkeit vor. Manchmal gibt es sehr schwere Explosionen, und es zerfällt gleich ein größeres Stück des Berges, dann macht das Feuer gleichsam einen großen Schritt vorwärts, während es an anderer Stelle längere Zeit verweilt.

Es kann daher sein, daß ich schon in der Nacht weiter muß. Länger aber als bis übermorgen werde ich auf keinen Fall hierbleiben können.

Ich weiß nicht, was dann mit mir wird. Alles wird davon abhängen, ob ich eine andere Höhle finde, in die ich mich, sei es auch nur für ein paar Stunden, verkriechen kann. Im Freien zu bleiben ist unmöglich, da mich die Hitze so schwächt, daß ich wahrscheinlich schon nach kurzer Zeit sterben würde . . .

Ich war bereits in die Höhle zurückgekehrt, als mir einfällt, daß ich vergessen habe, nach dem Meer zu sehen. Ich kann zwar von hier aus, zwischen zwei Berghängen hindurch, nur ein winzig kleines Stück erblicken, und es ist sehr weit entfernt, aber es muß doch zu erkennen sein, ob das gefrorene Wasser schon durch die Einwirkung der steigenden Wärme zu schmelzen beginnt.

Zweifellos muß das bereits geschehen.

Es geschieht ja jetzt ununterbrochen etwas in unserer Welt . . . nein, in meiner Welt . . .

Denn dieser ganze Planet, diese große ungeheure Kugel, gehört jetzt mir . . . sie ist mein Eigentum. Niemand ist da, der sie mir streitig macht.

Niemand.

Nur das Feuer . . .

Ich trete also noch einmal hinaus vor die Höhle und blicke hinüber zum Meer.

Ich blicke hinüber zum Meer, aber ich sehe das Meer nicht. Dort, wo es liegt, wallt der Dampf auf und steigt in großen Schwaden zu den Berggipfeln empor. Die Bergkette, die sich unmittelbar an der Küste hinzieht, ist schon nicht mehr zu sehen.

Sie ist ausgelöscht.

Die Dinge beginnen sich hinter geheimnisvolle Vorhänge zurückzuziehen, und es treten Erscheinungen in mein Leben, von denen ich schon manches gelesen, aber noch nie etwas gesehen habe . . .

5. Die Einladung

Wenn ich die Augen schließe und still dasitze, höre ich immer noch den jubelnden Schrei, mit dem Mot am nächsten Tag in meine Wohnung trat.

»Wir sind fertig, Ivo«, frohlockte er und warf die Bücher, die ich ihm geliehen hatte, auf den Tisch.

Ich war noch etwas müde von unserer Wanderung, und überhaupt ging mir Mot mit seiner Art, die zwischen mürrischer Verachtung aller Dinge, die er als Nebensächlichkeiten bezeichnete – und das waren die meisten –, und der lärmenden Überheblichkeit, mit der er die Sachen behandelte, die ihn interessierten, ziemlich auf die Nerven. Ich sagte daher nichts, sondern sah ihn nur unschlüssig an.

»Verstehst du denn nicht«, rief er, »wir haben unsere Arbeit abgeschlossen, und es ist ein voller Erfolg geworden . . .«

»Dann gratuliere ich«, sagte ich, nur um nicht länger zu schweigen.

»Du bist merkwürdig kühl für einen Menschen, der am Vorabend seines Glückes steht.«

»Oh, beschäftigt sich eure neue Erfindung mit mir?«

»Ja, mit dir und Uhba und dem Priester und Hau und uns allen. Unser Leben wird sich wandeln, es wird aufblühen und uns reich beschenken . . .«

»Und wie wollt ihr das erreichen?«

Mot, der bisher erregt im Zimmer auf und ab gegangen war, blieb stehen, ergriff ein Buch und wägte es spielerisch in seiner Hand. »Wir werden euch die Wärme wiederbringen.«

»Euch? Wieso euch? Warum nicht uns?«

»Na ja, euch oder uns, das ist doch gleich.«

»Nein, es ist nicht gleich. Ihr tut immer so, als ob alles, was ihr erdenkt und erfindet, ein Geschenk für die anderen ist. Dabei ist es in erster Linie ein Geschenk an eure Eigenliebe. Ihr, die ihr glaubt, ihr seid kleine Götter, lebt nur eurem krankhaften Schöpfertrieb und . . .«

Mot warf das Buch ärgerlich auf den Tisch zurück – wie deutlich ich diese Szene noch vor mir sehe – und trat ans Fenster.

»Fange bitte nicht wieder mit deinen überheblichen Belehrungen an«, sagte er schroff, den Blick auf die Straße gerichtet. »Die Tatsache, daß du als Verwalter unserer Buchschätze einen besseren Einblick in die Gedanken der verflossenen Menschen hast, gibt dir noch lange nicht das Recht, jeden – ob er es will oder nicht – mit diesen Gedanken zu beglücken.«

In diesem Augenblick hätte ich Mot ins Gesicht schlagen können. Ich schämte mich zwar gleich dieser Regung, aber es war seltsam, daß sie mich gerade in diesem Augenblick überfiel, da ich zum erstenmal von dem großen Plan erfuhr, der unsere Rettung bringen sollte. Ich bin kein Mensch, der allzu stark an übersinnliche Dinge glaubt, ein bißchen schon, das bringt die dauernde Beschäftigung mit den Gedanken anderer Menschen mit sich, aber doch nicht sehr. Immerhin war meine Abneigung, die sich fast bis zum Haß gegen Mot steigerte, in diesem Augenblick sehr seltsam, denn ich wußte ja noch gar nicht, worum es ging.

»Was hat es für einen Zweck, daß wir uns streiten«, sagte ich zu ihm, »erzähle mir lieber erst, worum es geht.«

»Den Teufel werde ich tun. Heute nachmittag wird Tom – Tom war Mots Chef und unser erster Ingenieur – in einer feierlichen Sitzung das Ergebnis unserer Forschung bekanntgeben und einen Überblick über unsere Pläne und nächsten Arbeiten entwickeln. Du bist auch dazu eingeladen.«

»Ich? Wie komme denn ich zu dieser Ehre?«

»Du hast uns die Bücher geliehen und mit einer unendlichen Geduld alles herausgesucht, was wir nur haben wollten . . .«

»Hmmm!« sagte ich. Es war ein Grunzlaut der Verlegenheit, aber Mot faßte ihn ganz anders auf.

»Nun schnappe nur nicht gleich über«, sagte er in dem Bestreben, meine angebliche Selbstsicherheit zu dämpfen. »Gewiß, du hast eine Menge für uns getan, aber denke nun nicht gleich, ohne dich wäre es nicht gegangen. Es hätte äußerstenfalls etwas länger gedauert, und das wäre unangenehm gewesen, denn so sehr viel Zeit haben wir nicht mehr, aber wir hätten es auch so geschafft.«

»Natürlich!« entfuhr es mir.

Mot drehte sich schnell zu mir um, weil er nicht recht wußte, wie es gemeint war.

Es war selbstverständlich sinnlos, noch nachträglich den Charakter eines bereits verklungenen Wortes feststellen zu wollen, aber wir mühten uns oft, weil wir immer wieder vergaßen, daß unsere Gesichter ja Masken waren. So tief sitzen vererbte Gewohnheiten im Menschen. In diesem Augenblick allerdings war ich froh, daß Mot vergeblich suchen würde.

»Wirst du kommen?« fragte er, im Begriffe zu gehen, kühl.

Ich zögerte, aber dann siegte doch die Neugier in mir.

»Ja«, antwortete ich, »ich werde kommen . . . sehr gern.«

»Du wirst es nicht bedauern, wenngleich es dir schwerfällt, etwas anzuerkennen, was andere Leute unter Aufopferung ihres Lebens getan haben.«

Ohne mir Zeit zu lassen, ihm zu antworten, war er gegangen.

Ich vertrieb mir die Stunden bis zum Nachmittag damit, daß ich die Bücher, die Mot zurückgebracht hatte, durchblätterte, um auf diese Weise festzustellen, worin das große Geheimnis, das mir Mot versprochen hatte, bestehen mochte, denn ich vermutete, daß die Bücher in irgendeinem Zusammenhang damit stünden. Aber es waren rein physikalische und chemische Werke, angefüllt mit Formeln und symbolischen Zeichnungen, und ich verstand zuwenig davon, um etwas damit anfangen zu können.

So klappte ich die Bücher zu und beschloß, ein wenig zu träumen, um mich für die zweifellos anstrengende Sitzung zu entspannen.

Aber ich kam nicht dazu.

Kaum hatte ich mich ans Fenster gesetzt, man hatte von diesem

Platz einen sehr schönen Blick auf die dämmerige Welt des Gebirges, ein Blick, den ich sehr liebte, als Uhba und ihre Freundin Chorr eintraten.

Chorr war eine der seltsamsten Persönlichkeiten unserer kleinen Gemeinde. Sie war groß und schlank und überaus klug.

Sie war mit Tom, unserem Chefingenieur, eng befreundet, und diese Tatsache hinderte mich, mir selbst ein klares Urteil über diesen Mann zu bilden.

Ich mochte ihn nämlich gar nicht. Er war sehr einseitig, stur und unbekümmert in seinem Werk, so daß man von Geist kaum noch sprechen konnte. Er leistete zweifellos Hervorragendes, und es war gar nicht auszudenken, was wir ohne ihn hätten beginnen sollen. Aber er kam mir immer vor wie eine Maschine, die produziert und produziert und zufrieden ist, wenn die geschaffenen Werke einwandfrei und ohne Schäden sind, ohne sich den Kopf zu zerbrechen, ob sie neben ihrer gewünschten Zweckmäßigkeit nicht auch ungewünschte Unannehmlichkeiten mit sich bringen.

Nein, ich mochte Tom nicht.

Aber dieses Gefühl kam bei mir nie recht zum Durchbruch. Und daran war Chorr schuld.

Ich sagte mir nämlich, wenn ein Mann wie Tom das Interesse einer Frau wie Chorr erregt, dann muß er Vorzüge haben, denn Chorr verschwendete ihre Zeit nicht an einen arroganten Schwätzer und eigenbrötlerischen Fortschrittsschnüffler.

Soviel war mir jedenfalls klar.

Und als ich dann von Uhba hörte, daß Chorr Tom geheiratet hätte, wenn wir Menschen gewesen wären, wie andere Menschen vor uns, mit Familie, Heim und Haus, da schwieg meine innere Stimme, die mich stets vor Tom gewarnt hatte, ganz.

Es ist müßig, sich darüber heute Vorwürfe zu machen, aber selbst jetzt kann ich das Gefühl nicht loswerden, daß manches doch anders gekommen wäre, wenn ich versucht hätte, Chorr über Uhba gegen Tom zu beeinflussen; denn, obwohl ich nichts Bestimmtes darüber weiß, bin ich heute der festen Meinung, daß Tom alles das, was er getan hat, und was die Ursache war, daß wir zugrunde gingen, nur tat, weil er sich in den Kopf gesetzt hatte, Chorr zu heiraten.

Dieses tiefe Gefühl bei einem Menschen, der – soweit ich es verfolgen konnte – noch niemals einen Funken Gefühl gezeigt hatte, mußte natürlich in die bedenklichsten Extreme vorstoßen. Nichts ist so gefährlich wie ein Mensch, der, nachdem er sein ganzes Leben der

Erforschung von Problemen der sachlichen Nüchternheit gewidmet hat, diese Probleme plötzlich verläßt und sich weltanschaulichen und geistigen Dingen zu widmen beginnt.

Heute weiß ich das alles. Damals habe ich es vielleicht auch gewußt, aber ich habe nicht danach gehandelt.

»Wir sind gekommen, dich abzuholen«, sagte Uhba. »Du kommst doch auch zu Toms großer Enthüllungsstunde?«

Sie lachte laut auf, wie über einen guten Scherz.

»Uhba steckt immer voller Übermut«, sagte Chorr nachsichtig; aber es war klar, daß sie sich über Uhbas Lachen ärgerte. Alle Dinge, die mit Tom zusammenhingen, nahm sie überaus ernst und schwer.

»Selbstverständlich komme ich mit«, sagte ich, und um Chorr eine Freude zu machen, fügte ich nach kurzem Zögern noch hinzu, »man darf solche entscheidenden Einschnitte im Leben nicht versäumen. Wenn man als Laie auch von den Dingen nichts versteht, die seelische Aufregung, die von solchen Augenblicken ausgeht, ist ein gutes Aufpeitschungsmittel, um auch der eigenen Arbeit vorwärtszuhelfen.«

Uhba brachte einen zitternden Klapplaut zwischen den Lippen hervor. Es war eine geheime Verabredung zwischen ihr und mir, uns darauf aufmerksam zu machen, wenn der andere auf dem Wege war, etwas Falsches oder Lächerliches zu sagen. (Zu solchen läppischen Hilfsmitteln mußten wir greifen, da wir keine andere Möglichkeit hatten, unsere Gefühle, unbemerkt von Dritten, zum Ausdruck zu bringen.)

Laut aber sagte Uhba: »Bis uns Tom eines Tages mitsamt seinem Laboratorium in die Luft sprengt. Dann werden alle Sorgen eine endgültige Lösung gefunden haben.«

Und wieder in ihr unwiderstehliches Lachen ausbrechend, strich sie Chorr, um sie nicht zu sehr zu ärgern, zärtlich mit der ausgestreckten Hand über den Rücken.

Dann gingen wir.

6. Tom

Unsere Unruhe hatte uns zu eilig auf den Weg getrieben. Wir kamen viel zu früh zu Toms Laboratorium. Von den geladenen Personen war noch niemand da.

Chorr führte uns in Toms Wohnzimmer, wo wir uns stumm niederließen, mit den Fußspitzen wippten und eine sehr stille, langweilige Viertelstunde hatten, da wir zu mißgestimmt waren, etwas Vernünftiges zu sprechen, und zu unruhig, an etwas Erfreuliches zu denken.

Aus dem Laboratorium klangen immer noch die Geräusche eifriger Arbeit.

Vielleicht sind sie noch gar nicht fertig, schoß es mir durch den Kopf. Aber ich verwarf den Gedanken gleich wieder, denn Tom war viel zu stolz auf die Ergebnisse seiner Arbeit, als daß er sich unseren bewundernden Applaus durch irgendeinen Zwischenfall der Unfertigkeit verscherzt hätte.

Wir hörten auch Stimmengemurmel und manchmal das Trappeln eiliger Füße.

Dann trat – ganz überraschend – Tom ein.

»Oh«, sagte er, »ihr seid schon da. Warum habt ihr euch denn nicht gemeldet?«

»Wir wollten dich nicht stören«, sagte Chorr und streckte ihm beide Hände entgegen.

Tom ergriff ihre Hände und hielt sie lange mit festem Druck.

»Chorr«, sagte er, »ich bin so froh, daß du gekommen bist.«

»Wie konnte ich fehlen, da sich so große Dinge für uns vorbereiten. Ich bin so neugierig, was du uns zu sagen hast.«

»Wir werden endlich wieder Menschen sein, Chorr«, sagte der Forscher. »Unsere Masken werden fallen.«

Uhba drückte sich dicht an mich und sah mir in die Augen.

»Hörst du es, Ivo«, sagte sie leise, »unsere Masken werden fallen.«

»Es wird schön sein, wenn es wahr ist, Uhba.«

Tom, der meine Worte gehört hatte, drehte sich zu uns um.

»Bist du immer noch der alte Zweifler«, sagte er lachend. Aber das Lachen klang nicht echt, es war viel Verachtung darin. »Doch du kannst beruhigt sein. Ich habe mir alles sehr genau überlegt. Die Masken werden fallen«, sagte er noch einmal, jede Silbe der einzelnen Worte betonend. »Wir werden Kinder haben . . .«

»O Tom«, sagte Chorr leise. »Weißt du denn, was du da sagst?«

»Ich weiß es, Chorr. Ich weiß es ganz genau. Ich würde nichts sagen, wenn ich nicht meiner Sache so sicher wäre. Es wäre mir ein unerträglicher Gedanke, dich enttäuschen zu müssen. Dich und mich.« Und nach einer Weile setzte er hinzu: »Endlich werde ich deine liebe Gestalt sehen. Weißt du, was das für mich bedeutet?«

»Ich weiß es, Tom. Wir alle wissen es, was es heißt, endlich unseren Gefängnissen entfliehen zu können.«

Tom entriß sich der Verträumtheit, in die er versunken war, und seine Stimme wurde hart und bekam den brüchigen, schrillen Klang, der ihn mir so unsympathisch gemacht hatte.

»Wir werden vom Rande des Verderbens und des Dahindämmerns zurückgerissen werden«, sagte er schroff, und dann, in den unleidlichen Ton des Pathos übergehend, fuhr er fort: »Wir werden wieder ein großes Leben der Gedanken und der Taten führen.«

»Wie sollen wir dir nur dafür danken, Tom«, sagte Uhba.

Ich blickte erstaunt auf Uhba. Die fröhliche, spöttische Uhba war plötzlich auch in den Ton der hingebungsvollen und erwartungslüsternen Weichheit verfallen. Das war mir fremd an ihr. Wo war ihre gesunde Skepsis geblieben? Ihre abwägende Ruhe, die sie immer hoch über den Dingen stehen ließ?

Ah, in diesem Augenblick merkte ich wieder einmal, wie furchtbar das Leben war, das wir die ganzen Jahre geführt hatten.

»Ihr braucht mir doch nicht zu danken«, wehrte Tom kurz ab, aber der Klang seiner Stimme verriet, daß er diesen Dank schlürfte wie ein köstliches, langentbehrtes Getränk. »Mein Werk ist mir Dank genug.«

In meiner Kehle wühlte ein unterdrücktes Lachen.

Früher, vor Jahrhunderten, als die Menschen unserer Welt noch ein normales, natürliches Leben führten, gab es Theaterstücke, an denen sich die Menschen erfreut haben müssen; denn die Bücher sind voll von ihren Stimmen der Anteilnahme. Aber mir erschienen die Worte, die sie in diesen Stücken gesprochen hatten, immer schal und unwahr und unaufrichtig. Vielleicht, weil ich die Situation nicht mehr erfassen konnte, für die sie gedacht waren; denn sie bezogen ihre Stärke aus dem Gemüt, und in unserer Welt, die auf den Krücken einer überspitzten Technik mühsam dahinkroch, gab es alles andere, nur kein Gemüt.

Jetzt hatte ich plötzlich das Gefühl, mitten in einem solchen Theaterstück zu leben, und mir erschien es erheiternd, daß wir uns mit Worten des Überschwangs behängten, gerade in dem Augenblick, da wir uns anschickten, zu der Natürlichkeit und der einfachen Klarheit des Lebens zurückzufinden.

»Und was wird werden, wenn die Masken gefallen sind?« fragte Chorr.

»Aber Chorr, wie kannst du das fragen. Begreifst du denn nicht, daß wir das Leben dort wieder aufnehmen werden, wo unsere Eltern es niederlegen mußten, als die furchtbare Kälte über uns herfiel.«

»Das Leben wieder aufnehmen?« sagte Chorr nachdenklich. »Sicher wäre das schön. Ich habe mir oft einen solchen Tag ausgemalt, und es war dann immer ein Tag voll von Glück und Zufriedenheit und Dankbarkeit gegen Gott. Aber jetzt, da dieser Tag gekommen ist, jetzt frage ich mich angstvoll, ob wir überhaupt die Kraft haben werden, das alte Leben, das für uns so fremd und neu ist, wieder aufzunehmen.«

»Du Dummchen«, lachte Tom. Es war ein kaltes, metallisches Lachen, in dem die sachliche Kühle eines konstruktiven Menschen mitschwang. Es war ein Lachen, das frieren machte.

Es war eine Maschine, die da gelacht hatte.

»Ich bin sicher dumm, Tom«, sagte Chorr, »aber du bist klug, und daher wirst du mir erklären können, wie du dir das denkst, daß wir das alte Leben unserer Vorfahren wieder aufnehmen werden.«

»Da wendest du dich am besten an Ivo«, erwiderte Tom kurz. »Er ist in diesen Dingen zu Hause, und auf ihn und auf den Priester Ghel wird die Hauptlast entfallen. Sie werden uns sagen müssen, was wir zu tun haben.«

Chorr kam zu mir herüber und legte mir die Hände auf die Schultern.

»Ivo«, sagte sie leise, »ich habe Angst vor der Zukunft.«

»Aber begreifst du denn nicht, daß die Zukunft ein einziges großes Glück sein wird?« rief Tom dazwischen.

»Gewiß begreife ich das, und daher habe ich ja auch Angst. Unglück zu ertragen ist nicht so schwer, denn der Mensch ist seit Urzeiten her gewohnt, in Unglück und Not und Sorge zu leben. Mit dem Glück aber ist das ein ander Ding. Glück ist Rausch. Glück ist Unvernunft. Glück ist Gier. Es ist uns nicht gegeben, Glück zu ertragen, ohne den Boden unter den Füßen zu verlieren.«

»Chorr, du bist unvernünftig, ja, was noch schlimmer ist, du bist undankbar«, warf Tom ein, bevor ich Zeit gefunden hatte, antworten zu können.

»Vielleicht! Aber du wirst einen ängstlichen Menschen nicht zur Vernunft und Dankbarkeit erziehen können. Wie ist es, Ivo?« wandte sie sich dann noch einmal an mich. »Verstehst *du* wenigstens meine Befürchtungen? Und weißt du ein Mittel, wie man sie bekämpfen könnte? Ja, weißt du überhaupt ein Mittel, das uns aus dieser Bedrängnis führen könnte?«

»Ich verstehe deine Befürchtungen«, sagte ich. Ich weiß, es klang sehr unbeholfen, aber Toms Gegenwart nahm meinen Gedanken die

Kraft. Ich schämte mich, so seltsam es vielleicht auch klingen mag, in seiner Gegenwart von Gefühlen zu sprechen. Wenn die Technik regiert, müssen die Gefühle schweigen. »Es mag sein, daß wir es leichter hätten, wenn die neue Zeit langsam über uns käme. Unter langsam verstehe ich viele Jahrzehnte, wenn nicht Jahrhunderte . . .«

»Du lieber Gott«, schrie Tom mit gemachtem Entsetzen, »davon würden wir auch sehr viel haben!«

»Wir natürlich nicht, aber die Menschheit. Wenn es nämlich langsam gehen würde, dann hätten die Menschen Zeit, sich daran zu gewöhnen. Aber aus der Armut eines anspruchslosen Lebens in den Reichtum der Überladenheit, das, mein Lieber, vertragen die Menschen nicht. Die Geschichte ist voll von Beispielen, die es beweisen. Und ich habe dich doch richtig verstanden, wenn ich vermute, daß es schnell gehen soll?«

»Nicht schnell. Sehr schnell! Abrupt, sozusagen. Wenn wir morgen das große Werk durchführen, werden wir übermorgen schon anfangen, in Glanz und Zufriedenheit einherzustolzieren. Mein Werk wird nur Stunden dauern, der Übergang bis zum Höhepunkt ein paar Tage oder äußerstenfalls einige wenige Wochen.«

»Und dann wird alles auf der Welt wie früher sein?«

»Was verstehst du unter früher?«

»Die Zeit vor fünfhundert oder tausend Jahren.«

»Ja, es wird alles sein wie früher.« Er zögerte und dachte einen Augenblick nach. »Nun, alles vielleicht doch nicht. Es werden zunächst noch keine Pflanzen da sein . . . keine Bäume, keine Gräser, keine Blumen. Und auch die Tiere werden fehlen. Was die Pflanzen anbetrifft, nun, so bin ich mir nicht sicher, ob wir nicht selbst welche werden schaffen können. Wir haben der Natur das Geheimnis abgesehen, wie sie aus den Mineralien des Bodens ihre Kräfte zieht. Es ist nicht einzusehen, warum wir ihr nicht auch das Geheimnis ablauschen sollten« (er sagte tatsächlich »ablauschen«, es klang in seinem Munde recht lächerlich), »Pflanzen herzustellen.«

Herzustellen!

Er war wirklich ein entsetzlich nüchterner Mann.

»Du hast ein sehr umfangreiches Programm.«

»O ja, an Ideen ist kein Mangel.«

Der Begriff der Idee war so etwas wie ein Narkotikum für ihn.

»Und die Tiere?« fragte ich.

»Tja, mit den Tieren liegt der Fall wohl ziemlich hoffnungslos. Ich wüßte nicht, was wir da tun könnten. Vielleicht wird man auch sie in späteren Jahrhunderten produzieren können, aber im Augenblick geht das noch über unsere Fähigkeiten hinaus. Schade, daß es nicht wenigstens noch ein Pärchen von irgendeiner Sorte gibt.«

Sorte!

Es hörte sich an, als wenn er von den Tabletten redete, die er uns als Nahrung in großen Mengen herstellte.

Ich mußte an die Tiere tief unten im Vulkan denken, an die beiden Tiere, die von Hau betreut wurden, aber ich hütete mich, irgendein Wort darüber zu sagen.

Uhba sah mich an. Sie hatte den gleichen Gedanken wie ich. Aber auch sie schwieg.

Wir beide waren uns in diesem Augenblick so nahe wie noch nie in unserem ganzen Leben.

»Aber ist es denn so schlimm, wenn die Tiere fehlen?« sagte Tom. »Wir brauchen sie wirklich nicht. Es ist bisher ohne sie gegangen, und es wird auch weiterhin ohne sie gehen. Für das, was manche früher den Menschen an Hilfe leisteten, werden wir Maschinen haben . . .«

In diesem Augenblick trat Mot ein. Er begrüßte uns mit einem flüchtigen Kopfnicken und ging dann zu Tom.

»Die geladenen Gäste sind da, Chef«, sagte er in dem dumpfen Ton unterwürfiger Bewunderung, den er immer annahm, wenn er mit seinem Meister sprach.

Es war, als wenn sich ein kleiner Kiesel mit einem Berg unterhielt.

»So«, sagte Tom, »sie sind also da! Nun, ich denke, dann kann ich sofort mit meinem Vortrag beginnen . . .«

7. *Ein großer Plan*

Wir waren unser neun: Tom; Mot; Ghel; Adem, der Regent; Liz, der Ordnungshüter; Gan, der Verwalter; ich sowie die beiden Frauen Chorr und Uhba.

Wir setzten uns um einen Tisch, auf den Mot einen großen Berg Zeichnungen und beschriebene Blätter gelegt hatte.

Wir waren alle sehr unruhig, und die nervöse Erwartung, die der Enthüllung geheimnisvoller Dinge vorauszugehen pflegt, pochte in unseren Adern.

Tom stellte sich sofort an die eine Querseite des Tisches und beschäftigte sich mit seinen Unterlagen.

Er ließ sich durch uns nicht stören und stellte unsere Geduld durch das langsame und bedächtige Hantieren mit seinen Notizen auf eine harte Probe.

Ich glaube nicht, daß er die Zeit brauchte, um sich noch einmal alles, was er uns sagen wollte, durch den Kopf gehen zu lassen. Ich kannte ihn zu gut, um nicht zu wissen, daß er zu gründlich vorbereitet war, um noch dieser kleinen Wiederholung zu bedürfen.

Wahrscheinlich wartete er nur, um unsere Unruhe zu steigern. Er war ein Mensch, der es ausgezeichnet verstand, sich in Szene zu setzen, und er wußte, daß nichts so gut geeignet ist, eine Erwartung zu steigern, als eine Pause.

Kein Wort hat so große Kraft wie das Schweigen.

Wir hielten unsere Augen auf den Tisch gesenkt, denn aus irgendeinem Grunde war es uns peinlich, uns selbst oder ihn anzublicken.

Schließlich räusperte sich Tom, stützte seine gespreizten Finger auf die Tischplatte und begann: »Ich bin kein guter Redner, und ich weiß nicht, ob ich die rechten Worte finden werde, um euch das, was ich euch sagen muß, klar und verständlich zu machen. Es sind sehr schwierige Dinge, in die wir uns begeben müssen, und außer mir und Mot ist niemand hier, der die notwendigen Kenntnisse mitbringt, um alles zu verstehen. Ich denke daher, daß es das beste ist, wenn ich alle technischen Einzelheiten möglichst unter den Tisch fallen lasse. Ich glaube, ich genieße genug Vertrauen bei euch, daß ihr mir glauben könnt, wenn ich euch versichere, daß die technische Seite von mir bis ins kleinste durchdacht ist. Es kann in dieser Hinsicht keine unangenehmen Überraschungen geben, und es wird keine geben. So will ich mich denn lieber mit einer kurzen Schilderung meiner Absichten begnügen und dann ausführlich umreißen, welches unsere Aussichten sein werden, und welche Pläne wir für die Zukunft fassen müssen.«

Uhba, die ihre Hände vor sich auf den Tisch gelegt hatte, tippte mehrere Male mit dem rechten Zeigefinger auf. Es war ihre Geste der Ungeduld. Sie wollte mir damit wohl zu verstehen geben, daß sie Tom für einen Schwätzer hielt, und ich konnte ihr darin nur beipflichten.

»Wenn ihr, Mot ausgenommen, von technischen Dingen auch nicht allzuviel versteht, so werdet ihr doch immerhin wissen, daß die Sonne ihre Kraft nicht von einer Materie bezog, die ihr von außerhalb beigebracht wurde, die also in sie hineinflog, wie man das lange Zeit geglaubt hatte – und worüber Bücher aus einer längst vergangenen Zeit viele Vermutungen angestellt haben –, sondern aus Umwandlungen, die in ihr selbst lagen. Die Elemente zerfielen, und die dabei frei werdenden Kräfte reichten nicht aus, um ihre Temperatur, der das

Leben sein Dasein verdankt, zu erhalten. Habe ich mich klar ausgedrückt?«

Wir nickten stumm.

Aber wir – ich nehme an, daß die anderen das gleiche Gefühl hatten wie ich selbst –, wir waren etwas verstimmt, weil Tom uns hier ein Wissen in primitiver Form nahebrachte, wie es die Lehrer taten und auch insofern in ihre Art verfiel, als er das, was er eben gesagt hatte, abhörte, um die Schwächen der geistig weniger Regsamen bloßzulegen.

Er hatte wirklich eine unangenehme überhebliche Art, mit seinem Wissen zu protzen.

Aber ich will ihn deswegen nicht allzusehr verdammen, vielleicht ist das überhaupt die Art, wie der Fachmann in einem kulturell hochstehenden Staat mit den Laien umgeht. Ich habe das dumpfe Gefühl, daß ich selbst von dieser unleidlichen Überheblichkeit nicht frei bin.

Vielleicht sah ich in diesem Augenblick überhaupt zum ersten Male ein, daß diese Art nicht nur unleidlich, sondern auch unklug ist, weil die überragende Stellung, die der Wissende auf seinem Gebiet hat, wohl eine Stärke, aber nicht ausschließlich eine Stärke ist, denn die Verbohrtheit in sein spezielles Gebiet trübt ihm den Blick für die anderen Gebiete. Sicher ist das nicht nur eine Charakterfrage oder eine Frage des guten oder schlechten Willens. Wenn die Wissenschaft erst einmal einen großen Umfang angenommen hat (und in unserer Welt hatte sie einen sehr großen, fast universellen Umfang angenommen), dann reicht ein einzelnes Leben nicht mehr aus, um alles auch nur oberflächlich zu überblicken. Aber ein tüchtiger Fachmann sollte soviel charakterlichen Rückhalt besitzen, daß er die Gefahren, die hier verborgen liegen, wenigstens erkennt und sich nach Wissenschaftlern auf verwandtem und benachbartem Gebiet umsieht, damit sie auch von dieser Seite seinen neuen Gedanken, seine fortschrittliche Idee durchdenken.

Tom war weit entfernt von einer solchen Einstellung. Er hatte eine Idee, und diese Idee erschien ihm von seinem Standpunkt aus gut. Zweifellos hatte er damit recht. Aber er sah nur die technische Seite, nicht das seelische Problem, das unlösbar damit verbunden war, obwohl Chorr ihn vorhin erst, in einem unbeschreibbaren Gefühl von Furcht, vor irgend etwas heimtückisch Drohendem gewarnt hatte.

Tom sah diese Gefahren nicht, und wenn er sie gesehen hätte, würde er sie verlacht haben. So schritten wir in den Untergang, obwohl Toms Plan groß und wahrhaft genial war.

Vielleicht schritten wir in den Untergang, *weil* er groß und genial war und die einfachen Menschen ihn daher nicht fassen konnten.

Tom hatte eine Pause gemacht und wieder eine Weile in seinen Notizen geblättert.

»Das Wesentliche«, fuhr er dann fort, »ist die Erkenntnis, daß die Materie in sich selbst Kraft enthält. Ja, sie enthält die stärkste Kraft auf kleinstem Raum, die wir uns nur vorstellen können. Wenn also die Sonne aus dem Zerfall ihrer Elemente Jahrmillionen hindurch die Kraft gezogen hat, zu scheinen und zu wärmen, und wenn diese gleichen Elemente hier bei uns vorhanden sind, sollte man dann nicht den Versuch machen, sie zum Zerfall zu bringen, um die Wärme zu gewinnen, die wir so bitter entbehrt haben?«

Tom sah uns eine Weile forschend an, um festzustellen, welchen Eindruck diese wahrhaft umstürzlerische Hypothese auf uns gemacht hatte.

Wenn ich sage, wir waren verblüfft, so ist das zuwenig.

Sage ich aber, wir waren entsetzt, so ist das zuviel.

Vielleicht treffe ich das Richtige, wenn ich sage: Wir waren verwirrt. Verwirrt von der Größe der Aufgabe, die uns Tom da mit einfachen, dürren Worten umrissen hatte; verwirrt von den Aussichten, die sich da plötzlich vor uns auftaten; verwirrt aber auch von der Gefahr, mit der wir zu spielen begannen.

»Was soll denn aber aus uns werden, wenn sich unsere Welt auflöst?« fragte Uhba entsetzt.

Tom schüttelte seinen Kopf.

»Das war der Einwand einer Frau«, sagte er. »Wir werden natürlich nicht die ganze Welt in Brand setzen. Wir werden uns mit einem kleinen Stück begnügen. Ich habe ausgerechnet, daß eine Fläche von der Größe eines Hauses ausreichen wird, um jahrelang so viel Wärme zu schaffen, wie wir zum Leben brauchen. Wir dürfen ja nicht vergessen, daß wir das Feuer in die Tiefe leiten können statt in die Breite. Mein Plan sieht alle diese Möglichkeiten vor. Der Zerfall an Stoff ist übrigens so gering, daß Jahrhunderte vergehen werden, bevor sich das Feuer in wesentlichem Umfang weitergefressen hat. Viele Tausende von Jahren werden die Menschen leben können, und immer noch wird genug Wärme dasein, um sie die Masken, die unsere Körper so plump und häßlich gemacht haben, entbehren zu lassen.«

»Und es gibt keine Schwierigkeiten bei diesem tollkühnen Projekt, Tom?« fragte Chorr.

»Es gibt keine, Chorr. Du kannst dich da ganz auf mich verlassen.«

Tom dachte einen Augenblick nach.

»Das heißt«, fuhr er dann fort, »um ganz genau zu sein: Eine Schwierigkeit gibt es doch. Da wir zuwenig Menschen sind, um viele Arbeitskräfte zur Überwachung des Feuers einstellen zu können, werden wir das Feuer in der Nähe der Stadt anlegen müssen. Vielleicht zwei oder drei Stunden Wegs von uns entfernt.«

»Das ist ja furchtbar, Tom«, stammelte Chorr.

»Ängstigt es dich?«

»Ja, sehr.«

»Ich gebe zu, es ist ein etwas unbehagliches Gefühl für jemand, der nichts von diesen Dingen versteht.«

Er sagte dieses in seinem üblichen überheblichen Ton, und es berührte uns alle peinlich, daß er selbst Chorr gegenüber nicht von seiner Art abwich.

»Gibt es denn keine Möglichkeit, das Feuer weiter entfernt anzulegen?« fragte Uhba.

»Wenn es eine gäbe, würde ich sie zweifellos ergriffen haben. Aber wir müssen die Wachen und Arbeitskräfte ablösen, und wie können wir das, wenn der Weg dahin sehr weit ist. Was hätten wir vom Leben gewonnen, wenn wir alle nichts anderes tun könnten, als uns nur mit dem Feuer zu beschäftigen. Nein, ich habe es wohl bedacht: Das Feuer muß in der Nähe der Stadt angelegt werden. Und hier ist die Schwierigkeit . . . die einzige Schwierigkeit, wie ich noch einmal betonen möchte. In einigen hundert Jahren wird die Zersetzung des Gesteins sich bis an den Stadtrand weitergefressen haben. Das heißt, irgendwann einmal werden unsere Nachkommen diese Stadt räumen und sich eine neue anlegen müssen.«

»Bis dahin wird die Zahl der Menschen aber wesentlich zugenommen haben«, sagte Gan, der Verwalter.

»Ganz recht. Sie wird dann ein Mehrfaches der heutigen Zahl betragen. Vielleicht das Zehnfache oder Zwanzigfache, vielleicht auch – und das ist das Wahrscheinlichste – das Hundertfache.«

»Dann ist aber die Neuanlage einer Stadt gar kein Problem.«

»Das ist auch meine Meinung.«

»Wahrscheinlich wird man uns trotzdem für töricht halten, weil wir die Gefahr der Brandausdehnung nicht vorausgesehen haben.«

»Möglich.«

Tom sah mich eine Weile an und sagte dann mit einer betont boshaften Stimme:

»Es wird Ivos Aufgabe sein, die Schilderung unserer Arbeit so abzufassen, daß unsere Nachkommen daraus ersehen können, daß wir wohl klug genug waren, diese Gefahr vorauszusehen, daß wir aber keine Möglichkeit hatten, anders zu handeln.«

»Und außerdem wird er darauf hinzuweisen haben, daß man uns dankbar zu sein hat und keine Vorwürfe machen darf«, warf Liz, der Hüter der Ordnung, ein. »Wer ein Leben geschenkt bekommt, darf sich über die kleinen Unannehmlichkeiten, die damit verbunden sein können, nicht beklagen.«

»Ich denke, wir können also, was diesen Punkt anbetrifft, zur Tagesordnung übergehen«, schlug der Regent Adem vor.

»Und wie soll die Erzeugung der Wärme vor sich gehen?« fragte Liz. »Wir haben ja nicht einmal Feuer, um einen Brand anlegen zu können.«

»Nein«, sagte Tom, »wir haben kein Feuer. Aber wir haben die Hilfe der Natur. Es gibt Elemente, die von selbst zerfallen, zwar langsam und für uns nicht beobachtbar, aber stetig und unaufhaltsam. Von dieser Erscheinung der Materie müssen wir ausgehen. Alles, was uns zu tun übrigbleibt, ist, den Zerfall der Stoffe, der sich über Jahrtausende erstreckt, so zu reizen, daß er sich in kürzester Zeit vollzieht. Ich und Mot, wir haben nun ein Mittel gefunden, diese Beschleunigung auf chemischem Wege durchzuführen. Gelingt sie, dann ballt sich die Kraft der Jahrtausende zusammen, und die Wärmeentwicklung, die sich auf lange Zeit erstreckte, ergießt sich in einem kurzen Augenblick.«

»Wenn sie gelingt . . . das ist die Frage«, sagte Gan mißtrauisch.

Tom richtete sich hoch und reckte die Hände stolz auf.

»Sie *ist* gelungen«, rief er. »Ich habe zehn, zwanzig, dreißig Versuche gemacht. Ich habe das Experiment immer wieder und wieder versucht . . . es ist gelungen . . . jedesmal. Ich selbst hätte für mich im Laboratorium längst so viel Wärme erzeugen können, um in meiner Wohnung warm und behaglich dahinzuleben.«

»Aber es hätte dir nichts genützt, denn immer wieder hättest du in die Kälte zurückkehren müssen«, sagte Uhba spöttisch.

»Es hätte mir wenig genützt«, verbesserte Tom sie. »Aber das war nicht der Grund, warum ich es unterlassen habe. Wir alle sind Kameraden und leben ein zwar dürftiges, aber gemeinschaftliches Leben. Unvorstellbar daher für einen Menschen, der ein so hohes Gemeinschaftsgefühl und Verantwortungsbewußtsein hat wie ich, sich Vorteile zu verschaffen, ohne sie auch den anderen zukommen zu lassen.«

Uhba und ich sahen uns stumm an.

Worte wie Gemeinschaftsgefühl und Verantwortungsbewußtsein aus dem Munde eines so krassen Egoisten zu hören, kam uns mindestens amüsant vor.

Nein, wenn Tom verzichtet hatte, so lag der Grund nur darin, daß er in der Wärme seines Laboratoriums sich seiner Hülle hätte entledigen müssen, wodurch es ihm dann aber unmöglich gewesen wäre, das Laboratorium zu verlassen und sich in die eiskalte Welt hinauszubegeben. Er wäre seinem Körpergefängnis nur entflohen, um dafür in das Gefängnis seiner Wohnung zu geraten. Er hätte eine kleinere Gefangenschaft aufgeben müssen, um eine größere und noch schwerer ertragbare zu erdulden. Er wäre einsam geworden, und selbst Chorr wäre ihm entglitten, wenn sie es nicht vorgezogen hätte, die Gefangenschaft mit ihm zu teilen. Hier lagen die Gründe für seinen Verzicht . . . und nur hier allein.

Ghel, der bisher kein Wort gesprochen hatte, richtete sich plötzlich hoch. Seine Hände, die auf dem Tisch lagen, zitterten.

Ghel war zweifellos der klügste Mensch von uns allen. Er hatte eine hohe Auffassung von Recht und Güte und Glaube und Vernunft. Er war wesentlich älter als wir, aber das war es nicht, was ihn über uns hinaushob.

Er war ein großer Mensch, weil er ein gütiger Mensch war.

Wir alle verdankten ihm viel. In einem Volk, das nicht viel mehr kennt als Not, Sorge, Hoffnungslosigkeit und die Eintönigkeit eines düsteren Schicksals, wiegt die Stimme der Vernunft doppelt und dreifach.

Ghel hatte sich alles, was Tom gesagt hatte, schweigend mit angehört. Er war kein Mensch, der sehr schnell zu einem Entschluß kam, aber dafür hatten seine Entschlüsse, wenn er sie endlich verkündete, etwas Endgültiges und waren kaum zu widerlegen.

Ich glaube, wir alle warteten in diesem Augenblick auf Ghels Stimme.

Die vier Sachlichkeitsfanatiker, Tom, Mot, Liz und Gan, vielleicht weniger als wir anderen, aber ganz frei von Erwartung auf Ghels Meinung waren wohl auch sie nicht. Wenn auch bei ihnen diese Erwartung kaum einem anderen Gefühl entsprang als dem eines gewissen Unbehagens.

Ghel atmete tief und erregt. Selbst seine Maske konnte nicht verbergen, daß die Gedanken hinter seiner Stirn in wildem Aufruhr waren. Niemals hatte man von ihm einen Entschluß erwartet, der von so folgenschwerer Bedeutung für uns alle sein würde wie dieser. Schließlich richtete er sich auf und sah uns alle der Reihe nach an.

»Und wenn es dir nicht gelingt, das große Feuer unter Kontrolle zu halten?« fragte er mit seiner gewohnten, sanften Stimme.

Tom schüttelte den Kopf mit einer kurzen, ärgerlichen Bewegung. Er konnte keine Fragen leiden, die einen Zweifel an seinen Fähigkeiten und seiner Voraussicht enthielten. Und dies war eine solche Frage.

»Wie könnte ich meinen Plan gutheißen, wenn ich nicht sicher wäre, daß er vollkommen bis in die letzte Phase ist«, sagte er scharf.

»Nichts, was Menschen schaffen, ist vollkommen«, antwortete Ghel bedächtig. »Selbst Gott hat seine Schwierigkeit mit der Vollkommenheit gehabt, wie du sehen kannst, wenn du nur einen Blick auf die Menschen wirfst. Und da willst du behaupten, daß dein Werk vollkommen sei!«

»Es ist soweit vollkommen, wie das überhaupt nur in den Möglichkeiten der Natur liegt. Wohlgemerkt, Ghel, nicht in meinen Möglichkeiten, habe ich gesagt, sondern in denen der Natur. Denn ich arbeite mit den Mitteln der Natur und habe daher das Recht, mich auf sie zu berufen.«

Ghel gab darauf seltsamerweise keine Antwort, und da wir anderen nichts zu antworten wußten, brach ein großes Schweigen über uns herein.

8. Die große und die kleine Welt

Wir schwiegen lange.

Von der Straße her drang einiger Lärm zu uns herauf. Er machte die große Stille noch tiefer und bedrückender.

Es war Uhba, die das Schweigen schließlich brach.

»Du wirst zugeben, Tom«, sagte sie, »daß Ghels Frage nicht unberechtigt ist. Du darfst nämlich nicht vergessen, daß wir nicht dein Wissen in technischen Fragen haben. Wir sind Objekte, die das tragen müssen, was du über uns beschlossen hast. Aber wenn es sich auch um deinen Plan handelt, so geht es dabei um nicht weniger als unser Leben.«

»Um ein erbärmliches Leben«, knurrte Tom zwischen geschlossenen Zähnen.

»Vielleicht um ein erbärmliches Leben, aber immerhin um ein

Leben, an dem – trotz aller Not – die meisten von uns hängen. Und wenn du nichts anderes zu bieten hast als Ungewißheit, so darfst du uns nicht übelnehmen, wenn wir zweifeln und fürchten.«

Es war ein geschickter Winkelzug von Uhba, unsere Unwissenheit gegen Toms Genie ins Treffen zu führen. Das legte ihn lahm, und seine Mißstimmung verflog denn auch sehr schnell.

»Aber bitte«, sagte er nicht unfreundlich, »selbstverständlich habt ihr das Recht zu fragen. Ich habe euch ja hergerufen, weil ich eure Fragen beantworten will. Allerdings müßte ich zu umständlichen, technischen Formeln meine Zuflucht nehmen, wenn ich euch alles erklären wollte, um die Furcht von euch zu nehmen. Damit wäre euch aber nicht geholfen, denn ihr würdet wieder nichts verstehen. So müßt ihr mir schon glauben, wenn ich euch sage, daß wir jede Vorkehrung getroffen haben, die man nur treffen kann, um zu verhindern, daß mehr von dem Stoff in Brand gerät, als wir benötigen und für notwendig befinden.«

»Und welcher Stoff ist das, den ihr in Brand setzen wollt?« fragte Gan, der Verwalter.

Ihm war die Fürsorge für unseren Besitz anvertraut, und es war daher verständlich, daß er sich sorgte, was von unserem Besitz Tom opfern würde, um uns zu retten.

Gans Einwurf war nur zu berechtigt, denn unser Besitz an den Dingen des täglichen Lebens war nicht mehr allzu groß. Nun wirst du, Freund einer fremden Welt, vielleicht glauben, hier klaffe ein gewisser Widerspruch. Ich habe dir erzählt, daß unsere Forscher Hervorragendes geleistet haben und daß es nur ihrem Genie zu verdanken ist, wenn wir den Kampf mit der Kälte siegreich bestehen konnten. Sollte es da nun nicht möglich sein, auch Dinge zu schaffen, die wir brauchen, um unser Leben über die äußersten Notwendigkeiten hinaus angenehm zu machen? Sicher wäre das möglich gewesen, wenn die Zahl unserer Menschen größer gewesen wäre. Vergiß aber bitte nicht, daß wir nur wenig mehr als dreihundert Leute waren und daß die meisten von ihnen benötigt wurden, um für unser leibliches Wohlbefinden ausreichend zu sorgen.

Wohl waren noch die Maschinen aus früheren Zeiten vorhanden, gut gehütet und sorgsam bewahrt, aber es fehlten uns die Antriebskräfte, um sie in Bewegung zu setzen, und die Menschen, um ihre Tätigkeit zu überwachen. Hier mußten alle Fähigkeiten unserer beiden Ingenieure versagen, und hier liegt vielleicht die größte Tragik unseres Kampfes. Wir waren wohl klug genug, um uns die Wege zu erdenken, auf denen unsere Rettung liegen mochte, aber wir waren bereits zu schwach, um diese Wege noch gehen zu können.

So also ist es zu verstehen, wenn Gan bei den Worten Toms um unseren Besitz bangte, denn alles, was durch Abnutzung und Altersschwäche ausfiel, war bedrückend genug, und jeder neue Angriff auf unsere bescheidenen Vorräte mußte zu einer Katastrophe führen.

»Deine Sorge ist ganz überflüssig, Gan«, erwiderte Tom lachend. »Wir werden nichts nehmen, was du verwaltest. Es wäre auch unverantwortlich, denn wir kennen den Schmerz, mit dem du den Verlust eines jeden Stückes unseres Besitztums verfolgst.«

»Spotte nur«, sagte Gan etwas beleidigt, »aber wir sind im Laufe der Zeit leider so arm geworden, daß wir mit unseren Schätzen sehr haushalten müssen. Die wenigen Leute, die noch leben, reichen doch bei weitem nicht aus, um all das neu herzustellen, was allein durch den natürlichen Verschleiß ausscheidet.«

»Nun, das wird sich alles sofort ändern, wenn wir erst die Wärme wiederhaben. Dann werden wieder die Maschinen laufen, Bohrer werden das Gestein zerhämmern, und die Menschen werden weniger tun und viel ernten.«

»Bis dahin ist es aber noch ein langer Weg. Erst wirst zu zerstören, ehe du aufbauen kannst«, sagte Gan eigensinnig.

»Es ist kein langer Weg, sondern ein kurzer, wenn uns nicht der Mut verläßt, und ich werde nichts zerstören, wenigstens nichts von dem, was dir, Gan, am Herzen liegt.«

»Du willst also etwas aus dem Nichts schaffen?« fragte Adem.

»Nein, ich werde schon etwas zerstören, aber etwas, das uns nicht fehlen wird. Ich werde den Stein des Gebirges schmelzen.«

Ghel, der bisher geschwiegen hatte, streckte plötzlich seine Hand über den Tisch, seine übliche Art uns verstehen zu geben, daß er uns etwas zu sagen wünsche.

»Ja, Ghel«, fragte Tom ihn sofort, »hast du noch eine Frage?«

Es kam Tom vor allem darauf an, Ghel zu gewinnen. Hatte er ihn, dann hatte er uns alle. Das wußte Tom, und daher war er sofort bereit, auf Ghels Frage einzugehen.

»Wenn ich dich recht verstanden habe, dann willst du das Gefüge des Urstoffes, wenn ich mich so ausdrücken darf, auseinanderreißen, damit die Kraft frei wird, die die Welt zusammenhält. Und mit dieser Kraft willst du unser Leben erwärmen?«

»Ausgezeichnet, Ghel«, rief Tom.

Er schien dieses Mal wirklich begeistert.

»Du hast das ganz klar ausgedrückt, was ich euch vorhin klarmachen wollte, aber nicht klarmachen konnte, weil mir die Gewalt deiner Worte fehlt. Ja, so ist es. Wir machen die Urkraft, die bisher nichts anderes war als ein großer, allgegenwärtiger Magnet, frei und zwingen sie, sich zu verströmen. Dabei entwickelt sich Wärme, und diese Wärme wird das menschliche Geschlecht auf diesem Stern wieder groß und mächtig machen wie früher.«

»Vielleicht«, sagte Ghel langsam, »vielleicht auch nicht. Die Materie kann eine Sache nur stark machen, glücklich wird sie allein durch den Geist. Das Problem, vor dem wir stehen, heißt die Kraft des Menschen anschwellen lassen, ohne die Vernunft dabei zu töten. Nimm es mir bitte nicht übel, Tom, aber ich halte dieses Problem, mindestens in deiner plötzlichen, abrupten Form, für unlösbar.«

Tom wollte etwas erwidern, aber Ghel winkte mit einer langsamen Handbewegung ab.

»Laß mich dich noch etwas fragen. Dann kannst du reden.«

»Bitte«, sagte Tom sehr kurz.

»Ich bin in den rein materialistischen Dingen wenig bewandert. Verzeih mir daher, wenn ich so gut wie nichts weiß. Aber ich muß jetzt leider etwas wissen, um euch raten zu können. Beantworte mir daher eine Frage: Worin besteht die Urkraft, die du befreien willst?«

Tom strich sich etwas hilflos mit der Hand über das Gesicht. Sein Blick wurde plötzlich unruhig, und seine Bewegungen wurden zerfahren.

»Um dir das zu erklären«, sagte er schließlich, »muß ich weit ausholen. Die Urbestandteile des Stoffes sind winzig kleine Dinge, weit, weit, weit unter der Kraft unseres Auges liegend. Sie bestehen aus einem Kern, um den weitere kleine Dinge kreisen, die . . .«

»Der Stoff hat also einen ähnlichen Aufbau wie die Welt der Sterne?« unterbrach ihn Ghel.

»Einen sehr ähnlichen.«

»Ja, jetzt, da du es sagst, erinnere ich mich daran, daß wir etwas Ähnliches in der Schule gelernt haben. In der Welt der Himmelskörper gibt es zentrale Sonnen, um die Planeten kreisen, in der Welt der Materie aber finden wir ebenfalls strahlende Kerne, um die sich, den Planeten gleich, die Elektronen drehen. Ist es nicht seltsam«, fuhr er dann fort, nachdem er kurze Zeit nachdenklich geschwiegen hatte, »daß die große und die kleine Welt sich so sehr ähneln?«

»Es ist nicht seltsam«, widersprach der Forscher. »Die ganze Welt ist eine einzige große Einheit. Wir sind nur noch nicht tief genug vorgedrungen, um zu sehen, wie weit diese Einheit geht. Vieles können wir nur vermuten . . .«

»Also du bist der Meinung, daß die Welt der Sterne und die Welt der Kleinheit nach einem einheitlichen Prinzip gelenkt werden?«

»Ja, dieser Meinung bin ich.«

»Bist du auch der Meinung, daß es, wie bei uns, auch auf anderen Sternen Leben gibt? Menschen und Tiere und Bäume und Berge und Wasser und . . .«

»Selbstverständlich, es wäre überheblich von uns zu glauben, daß wir etwas Besonderes darstellen.«

Ghel nickte zu diesen Worten zufrieden mit dem Kopf.

»Es freut mich«, sagte er, »das zu hören, wenngleich mich diese Meinung der Bescheidenheit in deinem Munde erstaunt. Es gibt also auch auf anderen Sternen Leben und Stoff. Gut! Nur auf Sternen?«

»Das verstehe ich nicht. Wo sollten sich diese Dinge denn sonst befinden?«

»Wie ist es denn mit den winzig kleinen Teilen, von denen du vorhin als den Bausteinen des Stoffes, wie wir zusammenfassend vielleicht sagen können, sprachst? Gibt es dort auch Materie, finden wir dort auch eine Welt gleich der unseren?«

Tom starrte, unbeweglich wie ein Standbild, den Priester an.

»Was hast du nur für seltsame Ideen«, sagte er schließlich leise und mit auffallend heiserer und krächzender Stimme. »Wie sollte es denn darauf Stoff, Leben, Menschen, Berge, Meere geben. Sie sind doch winzig klein, fast nur noch gedachte Punkte, ein Nichts fast . . . ein Garnichts.«

»Für uns ein Nichts. Aber du weißt, daß, wenn wir einmal unseren eigensinnigen Maßstab verlassen, der Begriff Größe seinen bedrükkenden Schrecken und der Begriff Kleinheit seine verächtliche Bedeutungslosigkeit verliert.«

»Aber diese Urbauteilchen sind doch das absolut Kleinste und Letzte.«

»Woher weißt du das?«

In Ghels Stimme war plötzlich eine Schärfe, die niemand von uns je an ihm gehört hatte. »Du vermutest es, nicht wahr? Im übrigen steckst du voller Widersprüche. Eben erst hast du mir bestätigt, daß die große und die kleine Welt nach einem einheitlichen Gesetz gelenkt werden. Du glaubst als Wissenschaftler genauso überzeugt daran wie ich als Priester und Denker. Dieses Gesetz ist für dich etwas Feststehendes. Etwas, mit dem du hundertmal am Tage rechnest. Aber das hindert dich nicht, gleichzeitig dieses Gesetz zu verleugnen, wenn es dir nicht in den Kram paßt. Deine Wissenschaft dient heute mehr der Zweckmäßigkeit als der Erforschung der Wahrheit. Das aber ist nicht ein Höhepunkt, sondern ein entsetzlicher und bedrohlicher Abstieg. Es ist der Schritt aus der Vernunft in den berechnenden Verstand.«

»Ich habe dieses Gesetz nicht verleugnet«, protestierte Tom, aber sein Protest klang seltsam matt.

»Doch, das hast du getan. Du gestehst die Einheit von großer und kleiner Welt wohl in mechanischer Beziehung zu (ich weiß nicht, ob das ein korrekter Ausdruck ist, aber darauf kommt es in diesem Augenblick nicht an; lassen wir es also dabei), aber du leugnest sie, sobald von geistiger Einheit die Rede ist.«

»Darin kann ich dir nicht folgen«, stammelte Tom hilflos.

»Du kannst mir folgen, wenn du dir soviel Mühe gibst, mich zu verstehen, wie ich mir Mühe gebe, dir alles einfach und klar darzulegen. Ich möchte daher noch einmal wiederholen: Wenn die Welt, die ganze Welt wohlverstanden, einem einheitlichen Gesetz untersteht, dann müssen sich nicht nur Aufbau und Bewegung, nein, dann müssen sich auch Leben und Formen wiederholen. Mit anderen Worten, es gibt Menschen nicht nur auf den großen Sternen, die zu unseren Häuptern am Himmel hinziehen, es gibt auch genausogut Menschen und Tiere auf den winzig kleinen Sternen, belebt von den winzig kleinen Sonnen, aus denen sich beispielsweise dieser, unser Tisch zusammensetzt.«

Tom trat einen Schritt zurück und hob abwehrend die Hände.

»Du willst doch nicht etwa sagen, daß alle Gegenstände, die wir um uns sehen, aus nichts anderem bestehen als aus Milliarden und Trillionen unvorstellbarer kleiner Welten, belebt mit allem, was sich die Natur erdacht hat?«

»Doch, Tom«, antwortete der Priester mit bedächtiger Würde, »genau das will ich sagen.«

»Und die Bäume und Häuser in diesen Miniaturwelten, die bestehen doch nun auch aus Atomen und Elektronen, nicht wahr?«

»Selbstverständlich.«

»Und diese Atome sind nun auch wieder beseelt und belebt?«

»Ich vermute es.«

»Und wo soll da das Ende sein?«

»Anfang und Ende sind zwei sehr menschliche Worte, Tom. Die Natur kennt sie nicht, und Gott kennt sie auch nicht.«

»Wie ist es nun aber mit unserer Welt? Sind wir vielleicht auch nichts anderes als die Atome einer neuen, unvorstellbar großen und ausgedehnten Überwelt?«

»Nichts anderes, Tom«, erwiderte der Priester und fügte nach kurzem Zögern hinzu, »so sehr es dich vielleicht auch kränken mag.«

»Das ist ja Unsinn«, schrie Tom und begann plötzlich im Zimmer herumzulaufen.

»Wenn es wirklich so ist, dann sind wir für diese Überwelt also vielleicht nichts anderes als . . . als . . . als der Urbestandteil der Faser der Borke eines Baumes im Walde oder das Elektron eines bedeutungslosen Schmutzflecks, den ein nichtsnutziger, übermütiger Junge auf die frischgetünchte Wand eines Bauernhauses gekleckst hat.«

»Vielleicht sind wir wirklich nichts anderes«, bestätigte Ghel.

»Nichts anderes als ein atomarer Hauch . . . geringfügig . . . klein . . . verächtlich . . . und allen Willkürlichkeiten dieser gigantischen Welt preisgegeben?« heulte Tom.

»Genauso preisgegeben, wie die Welten, die du vernichten willst, deiner Willkür preisgegeben sind. Vielleicht, Tom«, rief der Priester, und seine Stimme schwoll für einen Augenblick zu einem beschwörenden Grollen an, »vielleicht sind wir nichts anderes als das Elektron eines Metalls, das ein Forscher der Überwelt in einer Retorte seines Laboratoriums hat, um es aus Neugierde oder Hilfsbereitschaft oder Wissensdurst oder was weiß ich, aus welchem Grunde noch, in Kraft und Wärme aufzulösen und mit seiner Umwandlung die letzten kläglichen Reste des Lebens zu vernichten, die zitternd, zagend und hoffend unter dem düsteren Himmel dieses sterbenden Sterns dahinkriechen. Hast du dir das überlegt, Tom? Hast du daran gedacht, daß unsere Größe in den Augen eines noch Gewaltigeren vielleicht auch nichts anderes ist als ein unsichtbarer Hauch, nicht wert, sich den Kopf darüber zu zerbrechen, ob man ihn erhalten sollte oder nicht? . . .«

Es ist mir nicht gegeben, die Verfassung zu schildern, in der ich mich befand (und ich glaube, bei den andern wird es ähnlich gewesen sein), als Ghel diese Worte mit seiner gewohnten, präzisen Ruhe aussprach.

Es war, als wenn eine starke, unsichtbare Hand nach meinem Herzen griff, um es anzuhalten.

Ich saß wie erstarrt und wagte kaum zu atmen.

Ich sah plötzlich vor meinem Auge Begriffe und Gedanken, ja, ich sah sie körperlich vor mir. So eigenartig das vielleicht auch klingt.

Ich sah den Begriff der Einheit in breiten verschiedenfarbigen Bändern, die sich in einem rasenden Lauf ineinanderschlangen, immer neue Farbkompositionen bildend und sich doch sofort wieder lösend und auseinanderfließend.

Ich sah den Begriff der Vernunft als ein wallendes Meer von Rauch . . . dick . . . dunkel . . . wirbelnd . . . aber dennoch klar und durchsichtig wie ein großes Prisma, das die dahinter liegenden Dinge ihrer Konturen entkleidete, sie aber dadurch statt undeutlicher nur noch deutlicher machte.

Vielleicht treffe ich das Richtige, wenn ich sage, Ghels Worte gaben mir plötzlich die innere Größe, um mitten in die Dinge hineinsehen zu können. Jedenfalls war ich in diesem Augenblick nicht mehr in unserer Welt, und ich bekam von dem wieder in meinen Kopf schießenden Blut ein Schwindelgefühl, als ich zu mir kam.

Ghel, der noch die Welt ohne Masken erlebt hatte, war der einzige von uns, der sich noch eine Vorstellung machen konnte von dem, was in einem anderen Menschen vorging. Sicher war diese Vorstellung auch nur schwach und verschwommen, aber sie gab ihm immerhin ein starkes Übergewicht über uns und war wohl die Ursache, daß er so überzeugend zu sprechen wußte, denn er kannte unsere Schwächen und stimmte daher stets seine Reden auf unser Empfinden ab. Das war etwas, was in anderen Welten sicher gang und gäbe war, was bei uns, außer ihm, aber niemand mehr konnte.

Dank seiner Erfahrung sah er in uns hinein, und dank seiner Klugheit sah er in die Welt hinaus; hierin gemeinsam lag seine Stärke, und das war der Grund, warum er so unendlich viel für uns bedeutete.

Ich weiß nicht, wieviel Zeit vergangen war, bis Ghel endlich fortfuhr, aber mir schien, als hätte das Schweigen eine Ewigkeit gedauert.

»Ja, so ist es, Tom«, sagte er mit einer leisen und sehr weichen Stimme. »Auch die Welt des Kleinen ist voll von Leben, voll von Kummer und Schmerz, voll von Freude und Sorgen.«

»Das wirst du uns niemals beweisen können«, erwiderte Tom, die Worte langsam und schwerfällig kauend.

»Beweisen! Gibt es denn für euch nichts anderes als Beweise? Ist denn der Glaube nichts mehr? Haben die Formeln, die Kurven und Statistiken die stille Sprache des Herzens endgültig übertönt?«

»Jetzt machst du den gleichen Fehler, den ihr mir vorwerft. Du verlangst, überzeugt zu werden, aber du selbst bringst als Gegenargumente keine Überzeugungen, sondern nur einen Appell an unseren guten Willen, dir zu glauben. Nein, Ghel, so geht es nicht . . . so geht es wirklich nicht. Im übrigen speist du uns nur mit Vermutungen ab. Niemals wirst du diese Welt, von der du uns erzählt hast, sehen können . . .«

»Ich *habe* sie gesehen, Tom«, sagte Ghel einfach. »Ich habe sie gesehen, und ich habe in ihr gelebt. Wer die Kraft hat zu glauben, ich meine die wirkliche, starke, große Kraft, der hat auch die Kraft, sich zum Objekt seiner Gedanken zu machen. Er hat die Kraft, sein Leben zu verlassen, um in ein anderes, größeres Leben einzugehen. Denn Glaube, Tom, das hast du wahrscheinlich nie begriffen, ist die Kraft, in die Einheit des Lebens einzugehen, ist die Stärke, über die Gebundenheit des Körpers hinaus, nur als ein geistiges Wesen, ein Teilhaber der göttlichen Schöpfung zu werden. Auch du selbst bist ja nicht frei vom Glauben. Hast du die Urbausteine des Stoffes je gesehen? Nein, nicht wahr. Du hast nie einen gesehen. Aber du weißt, daß sie da sind, und du rechnest damit. Und du tust gut daran, wie die Erfolge, die du aufzuweisen hast, zeigen. Du hast eben den Instinkt des wahren, großen Forschers. Wo deine Sinne versagen, setzt dein kühler, rechnender Verstand ein. Nun, das, was in materieller Beziehung der kombinierende Verstand ist (auf den du so große Stücke hältst), das ist in geistiger Beziehung der Glaube.«

»Kannst du uns teilhaben lassen an deinem Glauben?« fragte Adem zögernd.

Seine Stimme klang, als käme sie aus einer anderen Welt.

Ghel starrte einen Augenblick nachdenklich vor sich hin.

»Ich will es versuchen«, sagte er. »Ich will es versuchen, soweit meine schwachen Kräfte dazu ausreichen. Ich tue es nicht gern, denn es ist ein Spiel mit dem Feuer. Vielleicht seid ihr zu schwach, um all das zu ertragen, was ihr sehen werdet, vorausgesetzt, daß ihr überhaupt bereit seid, zu sehen. Aber ich muß es versuchen, denn wir stehen an der entscheidendsten Wende unseres Lebens. Und alles, was weiter geschieht, wird davon abhängen, ob ihr bereit seid, zu erkennen, was die Stimme der Seele spricht. Weißt du die Stelle schon, an der du das große Feuer entzünden willst, Tom?«

Tom nickte mit dem Kopf.

»Ich und Mot, wir haben vor einigen Tagen die Stelle ausgesucht und festgelegt. Wir haben lange gesucht, denn längst nicht jeder Ort im Gebirge eignet sich dafür. Aber nun haben wir uns endgültig entschieden. Und ich glaube, wir haben eine gute Wahl getroffen, nicht wahr, Mot?«

»Eine sehr gute Wahl«, erwiderte Mot.

Es war das erste Wort, das Mot während der ganzen Sitzung sprach, und es klang wie das Echo, das von der Wand eines Berges zurückschallt.

»So muß ich euch alle bitten, daß wir uns zu dieser Stelle begeben«, sagte Ghel. »Dort nur, wenn überhaupt, werde ich die Kraft haben, euch das wahre Gesicht jener Welt zu zeigen, die ihr zerstören wollt, um selbst am Leben zu bleiben. Ist es dir recht, Tom?«

»Selbstverständlich ist es mir recht.«

»So wollen wir sofort aufbrechen . . .«

9. Ghel geht mit uns auf die Reise

Obwohl wir in kleinen Gruppen durch die Straßen gingen, erregten wir dennoch unter den wenigen Bewohnern der großen Stadt Aufsehen. Einige schlossen sich uns an und versuchten herauszubekommen, welche Pläne wir hätten und was unsere Absichten mit dem Gang in die Umgebung sein mochten.

Ich weiß nicht, ob Tom oder Mot einige Andeutungen hatten fallenlassen – zutrauen möchte ich es vor allen Dingen Mot, der gern mit seinen und Toms Arbeiten renommierte –, oder ob es nur die allgemeine Unruhe war, die wir alle nicht recht unterdrücken konnten, die die Leute stutzig gemacht hatte.

Auf jeden Fall wollte man plötzlich von uns wissen, ob es etwas Neues gäbe und ob wirklich neue bedeutende Ereignisse zu erwarten wären.

Liz, unser Ordnungshüter, mußte seine beiden Assistenten herbeirufen, damit wir endlich unbelästigt unseres Weges gehen konnten.

Ghel war etwas verärgert darüber, daß man die Leute so schroff zurückgewiesen hatte. Ghel war ein Mensch der Güte, und es widerstrebte ihm, der Mittelpunkt eines Kreises der Ablehnung zu sein.

Aber Tom bedeutete ihm, daß es nicht so sehr die Störung durch müßige Zuschauer war, die er befürchtete, als vielmehr die Nervosität, die die Menschen ergreifen mußte, wenn sie näher in seine vielversprechenden Pläne eingeweiht würden, bevor Endgültiges geschehen könnte, und dieses Mal mußte ich ihm recht geben. Die Menschen haben meist so wenig Vernunft, daß man sie, selbst wenn man ihnen helfen will, vor vollendete Tatsachen stellen muß, damit sie in ihrer gierigen Ungeduld nicht das zerstören, was erst geschaffen werden muß.

Wir hatten ein ganzes Stück zu laufen und mußten auch viel klettern; denn das von Tom und Mot ausgesuchte Gelände lag ziemlich hoch.

Es zog sich an einem Berghang dahin, und zwar an der Seite, die von der Stadt weg in die Tiefe des Gebirges führte.

»Wir haben diese Seite gewählt«, sagte Tom, »da hier das Feuer von der Stadt aus nicht zu sehen sein wird (außer seinem Widerschein natürlich), denn es steht zu befürchten, daß die Menschen durch die lodernden Flammen unruhig werden könnten . . .«

»Das ist sehr vernünftig von euch«, sagte Adem.

»Ja«, lachte Mot, »wir haben alles bedacht, und daran könnt ihr sehen, wie gründlich unsere Vorbereitungen sind.«

»Aus diesem Grunde werden wir die Ereignisse auch jederzeit fest in der Hand behalten«, setzte Tom den Satz seines Mitarbeiters fort.

Das Gelände, das Tom und Mot abgesteckt und durch eingeschlagene Keile markiert hatten, war nicht sehr groß. Ich möchte annehmen (ich habe es leider nicht nachgemessen), daß es über ein Geviert von achtzig Schritt nicht hinausging.

»Ist das alles?« fragte denn auch Gan verblüfft.

Er war wohl ebenso wie ich von der Kleinheit des Geländes überrascht.

»Alles?« erwiderte Tom. »Mein Lieber, es ist ein unerhört großes Stück. Wir haben es so groß gewählt, damit wir genügend Spielraum haben. Würden wir die ganze Fläche in Brand setzen, so könnten wir mindestens zwei bis drei Menschenalter hindurch allein von diesem kleinen Stück die notwendige Wärme erzeugen. Ihr dürft nicht vergessen, daß die Kraft, die in . . .«

Das Feuer (Ivos Flucht)

Ich mußte die Feder schnell und überstürzt aus der Hand legen.

Als ich mir noch einmal unsere Unterhaltung an der von Tom für sein Experiment ausgesuchten Stelle ins Gedächtnis zurückrief, wurde ich durch ein Brausen und Knattern, dem eine Anzahl von schweren Erderschütterungen folgte, aus meinen Gedanken gerissen . . .

Ich stürzte aus der Höhle und sah, wie das Feuer sich mit beträchtlicher Geschwindigkeit über den Kamm des Gebirges fraß und sich nun anschickte, in das Tal hinabzusteigen.

Die Luft ist wie reine Glut. Sie preßt sich in die Lungen und treibt mir das Wasser aus den Augen.

Während ich noch erstarrt im Eingang meiner Höhle stehe, öffnen sich plötzlich die Schleusen des Himmels, und ein orkanartiger Regen stürzt auf mich herab.

Kurze Zeit wiege ich mich in der Hoffnung, daß der Regen die Kraft des Feuers brechen wird. Diesen Wassermassen kann selbst ein so gewaltiges Feuer kaum widerstehen.

Aber als mein Blick dann wieder hinüber zu dem Feuer wandert, sehe ich, daß gewaltige Dampfschwaden über den Flammen auf und nieder wallen, die mit ungeminderter Kraft weiterwüten.

Ich begreife, daß der Regen gar nicht das Feuer erreicht, sondern wegen der großen Hitze bereits in der Luft verdampft.

In diesem Augenblick weiß ich, daß meines Bleibens in der Höhle nun nicht mehr länger ist.

Ich stürze hinein, reiße meine Sachen an mich, packe sie zusammen und verlasse fluchtartig das Felsenloch, das für einige Tage mein Zufluchtsort gewesen ist.

In jagender Hast mache ich mich auf den Weg.

Einsam, unheimlich und von tausend Gefahren bedroht.

Der Regen drischt mit unverminderter Heftigkeit auf mich herab. Der gefrorene Boden beginnt zu schmelzen. Er wird weich und glitschig, und die Wasserlachen, die sich auf dem schwammigen Eis bilden, machen jeden Schritt zu einer anstrengenden Qual.

Mein Paket auf dem Rücken, laufe ich vor den knatternden Flammen davon.

Wenn der Weg bergan geht, muß ich streckenweise auf allen vieren kriechen, bis über die Handgelenke in Sumpf und Schneewasser versinkend. Die Haut an meinen Händen springt auf, und das Wasser brennt in den schründigen Wunden.

Stunden um Stunden führt mich mein Weg über das wildzerklüftete Land. Ich finde manche Höhle, die geeignet gewesen wäre, mir einen Unterschlupf vor dem Toben der Natur zu bieten. Aber das Feuer in meinem Rücken treibt mich immer weiter.

Als mich die Kräfte verlassen, krieche ich unter einen vorspringenden Felsen, drücke mich fest gegen die Gesteinswand und versuche zu schlafen.

Aber obwohl mich die Erschöpfung angefallen hat wie eine schwere Krankheit, vermag ich kein Auge zu schließen. Ich zittere in der Nässe und fühle mich verzweifelter als in den trübsten Tagen unseres verflossenen Lebens.

Nach einiger Zeit, als der dunkelrote Ball der aufgehenden Sonne, unterstützt von dem hellen Schein des Feuers, die Konturen des Landes deutlicher hervortreten läßt, raffe ich mich wieder auf und stolpere weiter.

Fünf Tage bin ich auf der Flucht.

Immer gehetzt von den Teufeln der Angst.

Immer getrieben von der Glut in meinem Rücken.

Immer nur von dem einen einzigen Gedanken beherrscht: Weiter. Ein Gedanke, furchtbarer als die Peitsche eines bösartigen Menschenschinders.

Am Abend des fünften Tages breche ich zusammen.

Meine zerschundenen, blutenden, brennenden Hände krampfen sich in den Sumpf der glitschigen Erde.

Lange bleibe ich so liegen, während der Regen mir auf das Kreuz trommelt.

Sterben, denke ich.

Sterben!

Aber die Lebensgeister sind immer noch stärker als diese innere Stimme der Resignation.

Abermals raffe ich mich hoch und, auf Händen und Füßen kriechend, erreiche ich endlich eine schmale, langgestreckte Höhle.

Diese Höhle!

Wird es die letzte sein? Oder ist auch sie nur ein Meilenstein auf dem Wege des schmerzvollen Unterganges des letzten Menschen dieser Welt?

Als ich die Höhle betrete, waten meine Füße in Bergen von Knochen.

Hohl und grausig klingt es, wenn meine wunden Füße dagegenstoßen.

Berge sind es.

Berge der letzten Überreste einer zugrunde gegangenen Tierwelt.

Ich kann nicht weit eindringen.

Viele Tiere hatten sich bis in den Hintergrund der Höhle zurückgezogen, als die Kälte des Weltraumes sich immer tiefer in das Gestein gefressen hatte. Hier hinten, eng aneinandergedrängt, zusammengepreßt und übereinandergekrochen, um die letzte Wärme aus den erkaltenden Körpern zu ziehen, waren sie dann gestorben.

Aber als sie starben, war die Kälte schon so weit vorgeschritten, daß die toten Körper nicht mehr verwesten. So, wie sie damals gelebt hatten und gestorben waren, so hockten sie auch jetzt noch beieinander.

Mit großen, glotzenden Augen, mit herabhängenden Kiefern und mit der gebeugten Verzweiflung einer hilflos zum Untergang verurteilten Kreatur.

Und was die damals fehlende Wärme nicht mehr tun konnte, das holte die wiedererstandene Wärme jetzt nach.

Die jahrhundertealten Kadaver beginnen jetzt endlich zu verwesen und zur Erde, aus der sie stammten, zurückzukehren.

Der Gestank in der Höhle ist unerträglich. Aber ich bin zu schwach, um noch weiterzueilen und diesem grausigen Friedhof zu entfliehen.

Ich bleibe, wo ich bin. Langausgestreckt zwischen Knochen und Gestank, sinke ich endlich in einen tierischen, von den Furien wilder Träume gehetzten Schlaf, selbst in der Betäubung keine Ruhe findend.

Als ich nach langer Zeit wieder erwache, finde ich mich wenig ausgeruht und kaum erfrischt.

Wieder fällt mich der unheimliche, grauenhafte Geruch des Todes an.

Und dennoch: Ich beschließe, wenigstens einige Tage hierzubleiben, um meinen Bericht fortzusetzen und das Herankommen des Feuers zu erwarten.

Vielleicht gibt es gar keine bessere und treffendere Umgebung für meinen Bericht einer untergehenden Welt . . .

(Fortsetzung des Gesprächs von Seite 66)

. . . den Urteilchen steckt, größer ist als jede andere Kraft der Welt.«

Tom sagte das in einem Ton, als ob er selbst der Schöpfer dieser unerhört starken Kraft wäre. Er hatte überhaupt eine unleidliche Art, alle Gesetze der Natur, mit denen er arbeitete, als sein eigenes Werk zu betrachten. Er tat so, als wäre er nicht ein Mensch, der die Schöpfung zu ergründen trachte, sondern als wäre er selbst der Schöpfer. Aber ich glaube, deswegen allein kann man ihm keinen Vorwurf machen. So weit man in den Büchern auch zurückblättert, immer sind die Forscher und Ingenieure von ihrer Schöpferkraft überzeugt gewesen, und kaum jemals hat es einer zugegeben, daß sein Werk nichts anderes ist als das Lüften eines Vorhangs, hinter dem die Wunder verborgen sind.

»Dieser Stein wird also schmelzen, um unser Leben zu retten?« sagte Ghel nachdenklich.

Uhba, die neben mir stand, faßte erschrocken nach meiner Hand. Sie fürchtete sich, und auch mir war, ich kann nicht recht sagen aus welchem Grunde, unbehaglich zumute.

Der Priester bückte sich und hob einen kleinen Stein auf, der mitten auf dem abgesteckten Gelände lag. Nachdenklich wog er dieses Stückchen Felsen in seiner Hand. Die Augen starr darauf gerichtet, schloß er die Finger fest um den Stein.

»Ich sehe eine fremde Welt«, murmelte er, »ich sehe das rauschende Meer, breitausladende Bäume, die sich im Winde wiegen, und kleine weiße Wolken, die langsam darüber hinziehen.

Ich sehe Ruhe und unendlichen Frieden . . . ich sehe die süße Stille einer freundlichen Landschaft. Ah, das alles spüre ich verborgen in diesem Gestein . . .«

Uhbas schmale Finger ruhten zitternd in meiner Hand. Ich konnte durch die Hülle nicht das Blut spüren, das durch ihre Adern pulste, aber jetzt begriff ich etwas von ihrer Seele, die mir bisher die dicke, glatte, kalte Haut vorenthalten hatte.

»Da«, sagte Uhba entsetzt.

Und jetzt sah ich es auch. Ich sah, wie sich aus dem grauen, traurigen Gestein das Bild löste, das Ghel uns eben mit Worten geschildert hatte.

Wo der harte, tote Fels gelegen hatte, begann sich, schemenhaft zuerst, dann langsam deutlicher werdend, Wasser zu zeigen. Kleine, schwabbelnde Wellen, die sich mit einem schmalen Schaumstreif brachen und in sich selbst zusammenfielen.

Es war ein unheimliches, saugendes und schmatzendes Geräusch. Ein Geräusch, wie niemand es bisher von uns gehört hatte.

Von Bildern kannten wir manches von der versunkenen Welt einer vergangenen Zeit. Wir kannten das liebliche Bild der Ufer, den sandigen Strand, über den schmeichelnd die Wellen verebbten. Aber wir kannten nur das Bild, das tote Bild. Keiner von uns wußte etwas um die Geräusche, die diesem Bild erst Leben und Wirklichkeit und die volle Plastik eines Spürbaren gaben.

Jetzt erst, in dieser Vision, die Ghel uns mit seinen starken, unheimlichen Kräften heraufbeschworen hatte, jetzt erst faßten wir den ganzen Umfang dieser gestorbenen Welten.

Auch die anderen standen wie erstarrt. Niemand sprach ein Wort. Alle sahen auf das tote Gestein, aber an ihrer ganzen Körperhaltung war zu erkennen, daß auch sie keine Steine und Felsbrocken mehr sahen, sondern daß auch sie der Spuk Ghels gefangengenommen hatte.

Nach kurzer Zeit war die ganze Welt um uns versunken. Das mächtige Gebirge – soweit wir zurückdenken konnten, begrenzende Silhouette unseres Blicks – war verschwunden. Über uns rauschten die Kronen gewaltiger Bäume im Winde. Unwahrscheinlich grüne Blätter strichen wispernd gegeneinander, und eine Schar langschnäbeliger Vögel zog mit raschem Flügelschlag am Himmel dahin.

Der Boden war weich und saftig, und ein kräftiger, würziger Geruch stieg aus seinen geplatzen Schollen.

Langsam gingen wir weiter.

Ein geschlängelter Weg tat sich vor uns auf. Er war schmal, und die Baumwipfel schlossen sich über ihm zu einem Dach zusammen. Unter unseren Füßen raschelte das Laub vom vorigen Herbst.

Leute kamen uns entgegen. Sie gingen stumm nebeneinanderher. Niemand bemerkte uns und niemand nahm an unserem seltsamen Aussehen Anstoß.

Die Gesichter der Menschen waren streng und bitter. Sie sahen nichts von den herrlich grünen Bäumen und von dem blauen Himmel, der durch die Löcher zwischen den Bäumen strahlte.

»Warum sind sie so böse?« fragte Uhba ängstlich, sich dicht an mich drückend. »Wenn ich hier leben würde, ich würde den ganzen Tag lachen und fröhlich sein und mich freuen.«

»Vielleicht sind diese Gesichter ihr Ausdruck der Fröhlichkeit«, antwortete ich schnell, um Uhba zu beruhigen, obwohl ich selbst nicht an meine Worte glaubte.

»Dann muß es keine schöne Welt sein, in die wir von Ghel geführt worden sind.«

Der Wald begann lichter zu werden. Uns gegenüber schien in einem überirdischen Glanz die Sonne.

Ah, diese Sonne.

Niemals habe ich etwas Ähnliches, Leuchtendes, Strahlendes gesehen. Diese Farbe würde ich als Maler einem Gegenstande geben, der etwas ganz besonders Heiliges, Gutes, Schenkendes darstellen sollte.

Der Weg machte noch eine kleine Biegung, und dann sahen wir ein großes, breites, gewaltiges Feld vor uns.

Goldgelbe lange Halme wiegten sich sanft im Winde. Hier und da waren Männer dabei, sie mit langen, gebogenen Messern zu schneiden, während Frauen sie bündelten und zu kleinen Hocken aufstellten. Ohne daß es uns jemand gesagt hatte, wußten wir, daß dies die Nahrung dieser Menschen war.

Ein mit Schotter bedeckter, von Bäumen flankierter Weg führte quer durch die Felder. Auf diesem Weg fuhren Wagen, von großen Tieren gezogen und mit den langen, gebündelten Halmen beladen, zu einem kleinen Ort.

»Schön«, sagte Chorr zu Tom.

»Ja«, antwortete der Forscher, »und das alles werden wir eines Tages auch haben. Und dann werden wir sehr glücklich und wunschlos sein.«

»Glaubst du, daß diese Menschen wunschlos sind?«

»Selbstverständlich«, erwiderte Tom, »was sollten sie denn für Wünsche haben, da ihnen die Forscher alles schenken, was sie sich nur wünschen können.«

»Und du willst uns ein gleiches Leben bescheren, Tom?«

»Ich werde es, Chorr. So wahr ich jetzt hier neben dir gehe.«

»Ich bin sehr stolz auf dich, Tom«, sagte die Frau leise.

»Hmmm!« machte Tom, es klang, als wenn er sagte: »Dazu hast du auch allen Grund.«

Am Rande der weiten Felder lag eine große Stadt. So weit das Auge reichte, so weit dehnten sich die Häuser.

In den Fensterscheiben spiegelte sich die Sonne. Wie eine Kette von kleinen Sonnen zogen sich die Lichtpünktchen quer über das ganze Stadtbild.

»Wie hübsch«, sagte Uhba. »Gehen wir jetzt dorthin?«

»Ja«, sagte ich. »Wir wollen uns alles sehr genau ansehen, vielleicht können wir noch etwas lernen.«

»Warum sagt denn Ghel nichts?«

Der Priester schritt stumm vor uns her. Den Kopf zu Boden gesenkt, schien er von der ganzen Herrlichkeit nicht das geringste zu bemerken . . .

10. Untergang am Überfluß

Als wir die Stadt erreicht hatten, fiel uns eine große Unruhe auf. Durch die breiten, gepflasterten Straßen liefen eilig und geschäftig die Menschen. Sie behinderten sich gegenseitig auf den schmalen Gehsteigen und drückten sich auf den Fahrwegen an den vielen Wagen vorbei, die hier in allen Richtungen dahinfuhren.

»Halte mich bitte fest«, sagte Uhba, »sonst werden wir noch getrennt, und ich weiß nicht wohin.«

»Wie viele Menschen es hier gibt«, rief Chorr uns ängstlich über die Schulter zu. Ja, man konnte die Aufregung, in der wir uns befanden, gut verstehen.

Es waren viele Menschen unterwegs, sehr viele. Auf einer einzigen Straße mehr, als in unserer Welt lebten. Und aus den Haustoren quollen noch immer weitere. Die großen Schlünde spien in rascher Folge immer mehr Menschen aus.

Alle hatten das gleiche Ziel. Alle liefen tiefer in die Stadt hinein.

»Wir werden nie wieder zurückfinden«, sagte Liz unbehaglich. »Ist denn hier niemand, der für Ordnung sorgt?«

Liz' Stoßseufzer schien sehr berechtigt. Nirgends war die geringste Spur von Ordnung zu bemerken. In dieser Welt schien jeder zu tun, was ihm Spaß machte. Obwohl ich noch nichts von dem Sinn dieses Lebens begriffen hatte, war mir das Durcheinander kein gutes Vorzeichen.

Menschen, die so sehr auf einem Haufen hocken, brauchen doch irgendeinen gemeinsamen Gedanken, der sie zusammenhält und leitet. Es kann doch nicht gutgehen, wenn der eine dies tut und der andere jenes, dann muß doch vieles sinnlos und nutzlos werden und sich gegenseitig in der Wirkung aufheben.

Da es zwecklos war, sich gegen den Strom zu stemmen, ließen wir uns mit der Masse treiben, aber je weiter wir kamen, desto unheimlicher wurde uns die Menschenmenge.

Als die Straße schließlich auf einen großen Platz mündete, zusammen mit anderen Straßen, sahen wir, daß auf diesem Platz eine schier unübersehbare Menschenmenge stand. Die Köpfe, die sich hin und her bewegten, ließen die Masse zu einem Meer werden, dessen Fluten auf und nieder schwankten.

Wir standen jetzt eng aneinandergedrängt, kaum daß wir Platz hatten, unsere Finger zu bewegen.

»Weißt du, was die Leute hier wollen?« fragte Adem, sich an Ghel wendend.

Aber Ghel gab keine Antwort. Er schien ihn nicht gehört zu haben.

Dafür drehte einer der fremden Menschen sich zu Adem herum, das heißt, er drehte nur den Kopf, da der Körper viel zu fest eingekeilt war, um ihn wenden zu können, und sagte:

»Seltsame Frage. Ihr seid wohl fremd hier?«

Und jetzt geschah etwas sehr Eigenartiges. Obwohl uns alles in diesem Land völlig unbekannt war, denn niemand von uns hatte sich bisher hier aufgehalten oder auch nur davon gehört, waren wir dennoch gleich von Anfang an diesem Lande und seinen Menschen auf eine ganz überraschende Weise verbunden.

Von unserem ersten Auftauchen an hatte niemand an unserer auffälligen Hüllengewandung Anstoß genommen, und nunmehr sprachen die Leute sogar mit uns wie mit ihresgleichen, und was das allerbemerkenswerteste war, wir selbst verstanden jedes Wort ihrer uns doch vollständig unbekannten Sprache.

Nur in Träumen pflegt dergleichen gelegentlich vorzukommen, und wenn ich es mir recht überlege, so möchte ich heute fast vermuten, daß unser ganzes, aufregendes Erlebnis in Wirklichkeit vielleicht auch gar nichts anderes gewesen ist als nur ein Traum, obgleich ich noch niemals davon gehört habe, daß mehrere Menschen gleichzeitig denselben Traum, übereinstimmend in allen, auch den winzigsten Einzelheiten, gehabt hätten.

Es gibt Philosophen, die glauben, daß die Welt in Wirklichkeit gar nicht bestehe, sondern daß alles, was wir zu sehen, zu fühlen und zu erleben glauben, in Wahrheit nichts anderes ist als eine Vorstellung, die tief in uns verborgen ruht. Das, was wir als die Welt anzusehen pflegen, wäre danach nichts anderes als eine Schöpfung unserer Sinne. Also ein Traum, von einem Schlaftraum durch nichts anderes unterschieden als dadurch, daß in unserem Leben alle Menschen und Wesen ungefähr die gleiche Vorstellung haben. Vielleicht ist es wirklich so, dann wäre auch klar, warum wir unter Ghels Leitung die fremde Welt so deutlich vor uns sehen konnten. Er war stärker als wir und wußte uns seine Vorstellung aufzuzwingen.

»Seltsame Frage«, sagte also der Fremdling zu uns. »Ihr seid wohl fremd hier?«

»Ja«, erwiderte Adem, »wir sind fremd. Wir kommen von weit her.«

»Aha«, sagte der Fremde. »Seid wohl eben erst angekommen?«

»Ja, eben erst.«

»Na darum. Hier spricht nämlich seit Wochen niemand von etwas anderem als von dieser Kundgebung. Zweimal hat die Polizei sie verboten, aber dann haben wir sie schließlich doch durchgesetzt.«

»Und . . . und . . . ich meine . . .«

»Was für einen Sinn die Kundgebung hat, wollen Sie wissen, wie? Es ist eine Demonstration der Arbeitslosen. Man hat den Menschen wieder einmal die Unterstützung gekürzt und . . .«

»Unterstützung?« fragte Gan verwundert. »Warum denn Unterstützung . . . können denn die Leute nicht mehr arbeiten?«

»O Mann«, sagte der Fremdling kopfschüttelnd. »Sie müssen wirklich von sehr weit herkommen. Natürlich können sie arbeiten, aber sie dürfen es nicht. Warten Sie mal: Wie soll ich Ihnen das klarmachen? Die Fabriken, wo die Menschen tätig sind, haben kein Geld, um ihnen die Löhne zu bezahlen. Sie haben schon lange keins eingenommen, weil die Menschen kein Geld haben, etwas zu kaufen. Haben Sie das verstanden?«

»Nein«, sagten Gan und Liz gleichzeitig.

»Aber das ist doch ganz einfach. Es ist . . . nein, warten Sie mal, wir müssen mit dem Geld anfangen . . . Für die Arbeiter brauchen die Fabriken doch Geld . . . nein, so geht es auch nicht. Sie haben mich mit Ihrer Fragerei ganz durcheinander gebracht.«

»Die Sache ist doch ganz klar«, mischte sich da ein zweiter Fremder ins Gespräch. »Weil keiner was kaufen kann, kann auch nichts produziert werden, so ist das.«

»Warum kauft denn keiner was?« erkundigte sich Gan höflich.

»Weil niemand Geld hat«, sagte der Fremde ungeduldig.

»Und früher hatte er Geld?« fragte Adem.
»Ja, natürlich, früher hatte er Geld.«
»Und wo ist das Geld geblieben?«
»Es ist ausgegeben worden«, sagte der zweite Fremde.
»Das ist doch keine Antwort«, warf ein dritter ein. »Wenn es ausgegeben worden ist, muß es an anderer Stelle doch auch eingenommen worden sein, denn es kann ja nicht verschwinden. Und an dieser anderen Stelle müßte es nun als Käufer auftreten. Aber ich will es Ihnen sagen, wie es ist«, wandte er sich dann an uns, »das Geld strömt an immer wenigeren Stellen zusammen, und da sitzt es dann fest.«

Ein gutgekleideter Mann sah uns lachend an. »Wissen Sie, Ihre Erklärungen sind genauso verworren wie unser Wirtschaftsleben«, sagte er. »Dabei ist die ganze Geschichte sehr einfach. Unsere Fabriken werden durch die fortschreitende Technik immer leistungsfähiger. Sie stellen also immer mehr Waren her, aber die Mägen und die Portemonnaies haben nur eine sehr begrenzte Aufnahmefähigkeit. Im Laufe der Zeit nehmen daher die Waren überhand, und es müssen Arbeiter entlassen werden, damit der Warenvorrat nicht ins Uferlose wächst. Diese entlassenen Leute fallen dann aber als Käufer aus, und dadurch werden immer mehr Waren unverkäuflich. Das ist das ganze Unglück.«

»Demnach ist die Technik daran schuld«, sagte Gan entsetzt.

»Na, die Technik nicht direkt, aber der Gebrauch, den wir von ihr machen. Wenn die Menschen sich so schnell vermehren würden wie die Waren, dann würde es vielleicht angehen, aber sie tun das leider nicht, und da liegt der Haken. Wenn wir heute etwas Neues erfinden, dann würden einige wenige Fabriken ausreichen, um den ganzen Bedarf zu decken. Da aber jeder von dem Verdienst etwas abhaben will, schießen, wenn die Sache einschlägt, die Fabriken wie Pilze aus der Erde. Jede Fabrik will die andere aus dem Felde schlagen, das kann sie aber nur, wenn sie billiger als die anderen arbeitet. Am billigsten aber arbeiten die Fabriken, die die meisten Maschinen haben. Doch je mehr Maschinen sie haben, um so weniger Arbeiter brauchen sie, um so weniger Leute bekommen also Geld, um wieder etwas kaufen zu können . . .«

»Wenn ich das höre, bekomme ich Angst vor Toms Plan«, sagte Uhba leise zu mir.

Was der Mann da erzählt hatte, war wirklich verwirrend, das mußte ich zugeben.

Ich suchte nach Worten, um Uhba zu beruhigen, aber ich kam nicht mehr dazu.

Am Rande des Platzes war eine Unruhe entstanden. Leute schrien auf, und die Masse geriet von dort aus in Bewegung.

»Mein Gott, sie setzen Polizei und Militär gegen uns ein«, schrie eine ängstliche Stimme.

Hier und da erhoben sich Schreie, und eine große Nervosität bemächtigte sich der Menschen.

Das Geschrei wurde immer aufgeregter, aber in dem Lärm konnten wir nicht verstehen, was die Leute riefen.

»Komm«, sagte Uhba zu mir, »wir wollen gehen.«

»Ich glaube auch, es ist das beste, wenn wir hier fortgehen«, bestätigte Adem.

Plötzlich ertönten ein paar scharfe Schläge.

»Sie schießen«, kreischten hier und da Menschen.

Ich bekam Chorr und Uhba bei den Armen zu packen und zog sie mit mir fort.

Als ich mich umdrehte, sah ich, daß die anderen hinter uns herkamen.

Wir hatten Mühe, uns durch die Menge zu drängen.

Der Lärm wurde immer größer, und die peitschenden Schläge fielen immer dichter.

Die ganze Menschenmenge war jetzt in Bewegung geraten, und vor, neben und hinter uns rannten Männer und Frauen eiligst mit uns in den Schutz der Häuser.

Wir gerieten in eine schmale Straße, in der sich die Menschen dicht zusammendrängten. Fuhrwerke waren zwischen uns eingekeilt, und die großen Tiere, die die Wagen zogen, tänzelten aufgeregt hin und her. Sie richteten sich auf und schlugen aus.

Wir begannen zu laufen.

Da wir am Rande des Platzes gestanden und sich nicht mehr sehr viele Menschen hinter uns eingefunden hatten, kamen wir ganz gut vorwärts. Wir waren noch flinker als die müden und abgespannten Bewohner der Stadt und hatten daher den Tumult bald ganz hinter uns gelassen.

Die Häuser wurden jetzt niedriger und einfacher. Sie waren nicht mehr mit Steinen, sondern mit einer Art Gras gedeckt und standen einzeln inmitten verrotteter Höfe, auf denen allerlei Gerümpel herumlag.

Es war ein sehr häßliches Bild, und man konnte sich denken, daß hier die Menschen mit den mürrischen, zerfallenen Gesichtern, die uns schon mehrfach aufgefallen waren, wohnten.

Schließlich hörten die Wohnhäuser ganz auf, und wir kamen in ein Viertel, das aus mächtigen Hallen bestand. Gewaltige Schlote ragten zum Himmel auf, und die Hallen waren angefüllt mit Maschinen aller Art.

»Hier ist das Heim der Techniker und Erfinder«, sagte Tom aufgeregt.

»Also *deine* Welt«, erwiderte Chorr zärtlich.

»Ja, meine Welt«, antwortete Tom nachdenklich. »Wenn ich sehe, was diesen Menschen alles zur Verfügung steht, dann muß ich schon sagen, daß ich sehr neidisch auf sie bin. Was könnte ich alles schaffen, wenn ich einer von ihnen wäre? Was, Mot, würden wir hier unseren Mann stehen?«

»Ach, Tom«, sagte Mot, »ich glaube, wir würden jeden Tag etwas Neues erfinden, und die Menschen würden sich bewundernd vor dir verneigen und dich auf Händen tragen und glücklich und zufrieden werden.«

»Ich würde zu gern einmal in eine solche Halle hineingehen. Was meinst du, Ghel, ob wir es wohl wagen können?«

Aber Ghel gab auch jetzt keine Antwort. Er schlich stumm hinter uns her, und es schien mir zweifelhaft, ob er überhaupt wußte, wo wir uns befanden.

Tom blieb unschlüssig stehen. Er drückte sein Gesicht gegen ein Fenster und sah verlangend und gierig in die Halle.

»Doch«, sagte er dann in plötzlichem Entschluß, »doch, ich tue es. Wollt ihr mit mir kommen?«

»Gern«, sagte Chorr.

»Selbstverständlich«, antworteten Uhba, Gan und Liz.

Schnell gingen wir über den in stiller Abgeschiedenheit daliegenden Hof.

Jetzt, da der Glanz der Sonne, der wie ein seltsamer Zauber auf den Häusern und Scheiben gelegen hatte, verschwunden war, jetzt sahen wir, wie grau und schmutzig und trostlos alles aussah.

Der Putz war von den Wänden gefallen, so daß an vielen Stellen häßliche, rote, quadratische Steine hervorblickten. Viele der Scheiben waren zerbrochen, und die ganz geblieben waren, waren matt und von Dreck verschmiert.

Auf dem Hof wuchs zwischen den Fliesen das Gras in kleinen Büscheln, und diese winzigen Zeichen von Leben machten den Stein noch toter und düsterer.

Durch eine offenstehende Tür sahen wir einen Mann in der Halle auf einer wurmstichigen Holzbank sitzen und gelangweilt kauen.

Wir schritten, von Tom geführt, durch die Tür und traten in das langgestreckte Gebäude. Der Raum war bis an die Decke vollgefüllt mit Paketen und Büchsen, die schon lange hier gestanden haben mußten, denn sie waren von Staub überzogen.

»Guten Tag«, sagte Tom zu dem Mann.

»'n Tag«, antwortete der Mann mürrisch und stieß sich mit dem ausgestreckten Zeigefinger die blaue, fleckige Mütze weiter ins Genick.

»Was machen Sie denn hier?« sagte Adem.

»Ich?« fragte der Mann erstaunt. »Ich sorge für Ordnung.«

»Ordnung?« Gan lachte höhnisch auf.

Sein Blick wanderte durch den düsteren Raum, in dem der Staub jeden Glauben an Ordnung im Keim ersticken mußte.

»Was ist denn in diesen Büchsen und Paketen?« wollte Tom wissen.

»Lebensmittel! Bohnen und Erbsen und Spargel und Erdbeeren. Alles herrliche und köstliche Sachen.«

»Und wer wird das essen?«

»Niemand. Die Sachen liegen schon fast drei Jahre herum, aber es sieht so aus, als wenn sie noch drei weitere hier liegen müßten.«

»Und dann?« fragte Chorr.

»Dann werfen wir sie in die Abfallgruben, weil sie ungenießbar geworden sein werden.«

»Habt ihr denn so viel zu essen, und gibt es keine Leute, die Hunger haben?«

»Es gibt bei uns nur Leute, die Hunger haben.«

»Und warum gebt ihr dann nicht die Büchsen den Leuten?«

»Weil sie sie nicht bezahlen können.«

»Könnt ihr sie ihnen denn nicht schenken?« fragte Liz.

»Schenken?« Der Mann schüttelte verwundert den Kopf. »Was Sie für seltsame Ideen haben. Wir können sie doch nicht verschenken. Wovon sollen denn die Besitzer dieser Fabrik leben, wenn wir die Büchsen verschenken?«

»Ihr werft sie also lieber fort?«

»Natürlich. Das ist doch die einzige Lösung. Wenn es eines Tages gar nichts mehr gibt, was die Leute kaufen könnten, dann wird man darangehen, neue Büchsen herzustellen. Manchmal ist vernichten die einzige produktive Methode. Denn jede Vernichtung erfordert Neuherstellung, und dadurch kommt wieder Geld ins Volk, und dann wird man auch wieder kaufen können. Im Augenblick sind die Lager noch zu sehr gefüllt, und die Besitzer haben sich noch nicht dazu durchgerungen, sich davon zu trennen.«

»Das ist hier ein seltsames Land«, sagte Gan. »Im Überfluß zu leben und die Menschen nicht an den Überfluß heranzulassen, scheint mir von einer immerhin bemerkenswerten Grausamkeit zu sein.«

»Es ist weniger Grausamkeit als Dummheit«, sagte der Mann aus der Halle. »Die ersten Männer unseres Staates konzentrieren ihre Aufmerksamkeit mehr auf das Herstellen von Waren als auf ihren Verbrauch. Sie sind wie Kinder, die sich an dem Neuen erfreuen und die Freude daran verlieren, sobald es etwas Neueres und Besseres gibt. Warum erkundigen Sie sich übrigens danach? Haben Sie Interesse an unseren Waren? Wir könnten sie Ihnen zu einem Vorzugspreis überlassen. Um das Kapital zu retten, würden wir auf jeden Verdienst verzichten. Wenn Sie mal probieren wollen . . . es ist allererste Qualität.«

Der Mann stand auf, wählte eine Büchse aus und schnitt sie mit einem kleinen Messer auf. Dann reichte er uns den Behälter.

Sie war bis zum Rand mit kleinen roten Früchten gefüllt.

Wir griffen mit den Fingern hinein, nahmen etwas von den Früchten heraus und aßen.

Noch niemals hatten wir etwas gegessen, das von gleichem, köstlichem Wohlgeschmack gewesen war.

Der Saft benetzte unsere Hände und verursachte ein seltsames Gefühl von Klebrigkeit.

Die Früchte waren wunderbar süß. Keiner von uns hatte je etwas gegessen, das so süß und so aromatisch war.

»Auch wir werden bald solche Früchte haben«, sagte Tom. Er zog ein Tuch aus der Tasche und wickelte eine der weichen Früchte hinein.

»Was willst du damit?« fragte Chorr verwundert.

»Ich will sie mitnehmen und in meinem Laboratorium untersuchen. Es kann nicht schwer sein, etwas Ähnliches herzustellen.«

»Schmecken Ihnen die Erdbeeren?« fragte der fremde Mann.

Wir nickten stumm mit den Köpfen und griffen noch einmal in die Büchse hinein.

Der unbekannte Mann lächelte.

»Auch Sie haben das wohl lange entbehren müssen?« sagte er langsam. »Wenn Sie sie kaufen wollen, wie gesagt, wir sind nicht teuer. Sie können die ganzen sechshunderttausend Büchsen preiswert haben. Falls es Ihnen zuviel sein sollte, sind wir auch bereit, einen Teil abzustoßen; vielleicht einhundertfünfzigtausend oder noch weniger. Heutzutage muß man jedes Geschäft mitnehmen . . . auch das kleinste . . .«

»Tom, können wir sie nicht kaufen?« sagte Chorr schmeichelnd.

»Warum?« erwiderte der Forscher. »Wir haben ein Muster und werden uns selbst bald bessere und schmackhaftere Früchte schaffen können . . . Wenn erst das große Feuer brennt, dann . . .«

Toms Worte verklangen in einem seltsamen Rauschen, das über uns quoll wie eine dichte Nebelwand. Das Bild vor unseren Augen verblaßte, und die Wände der Halle schienen sich ins Nichts zu verflüchtigen . . .

Aber sofort tauchte aus dem Dunst ein neues Bild auf, unklar und verschwommen zunächst, wurde es schnell deutlicher und klarer. Wir standen in einem Park, der sich am Rande der Stadt einen sanft geschwungenen Hang hinaufzog. Zu unseren Füßen lag das Häusermeer in endloser Ausdehnung, während rings um uns die Bäume rauschten und der Wind mit den Gräsern der Rasenflächen spielte. Nach den Aufregungen, die wir eben durchlebt hatten, tat uns dieses friedliche Bild besonders wohl.

. . . Der Kies des Weges knirschte leise unter den Schritten des jungen Paares. Das Mädchen hatte die Hand ausgestreckt, streifte im Vorbeigehen Blätter von den Büschen und zerdrückte sie in seinen unruhigen Fingern.

»Komm, Fred«, sagte es, »wir wollen uns einen Augenblick auf die Bank setzen.«

Als sie saßen, breitete es mit Gesten und Sorgfalt das fadenscheinige Kleid über die Schenkel.

»Es ist so ruhig hier«, sagte Fred, »man könnte vergessen, in welcher schrecklichen Zeit wir leben.«

»Nein«, antwortete das Mädchen, »man kann es nicht vergessen, man kann höchstens für ein paar Minuten nicht dran denken.«

»Wie oft haben wir uns alles ausgemalt, wie es werden wird, wenn wir verheiratet sind, Elli. Und nun?«

»Ja, und nun . . .! Aber nimmst du nicht alles ein bißchen zu schwer? Ist es denn so unmöglich, daß wir trotzdem heiraten?«

Der junge Mann lachte bitter auf.

»Heiraten! Wovon? Von der kleinen Unterstützung, die ich jetzt bekomme?«

»Ist es nicht tausendmal besser, wenn wir gemeinsam hungern, als wenn sich jeder für sich des Nachts in dem dunklen Zimmer mit den grausigen Gespenstern der Not auseinandersetzen muß? Sag mal, Fred, ist die Welt wirklich so arm, daß sie uns nicht satt zu essen geben kann und zwei Stübchen und eine Küche und alle Jahre ein Kleid und einen Mantel? Das ist doch alles, mehr wollen wir doch gar nicht. Nun sag mal: Ist sie so arm?«

»Ich glaube nicht. Aber sie ist böse und gehässig und gierig und verlogen. Ach, die Verlogenheit ist das allerschlimmste. Das fängt in den kleinen Kramläden schon an. Als ich noch bei Pietsch & Schmidt war und die Prospekte schreiben mußte, was habe ich da den Leuten nicht alles erzählen müssen über die Dinge, die wir ihnen andrehen wollten. Von der Kräftigung der Zähne bei Verwendung unserer Weißol-Zahnpaste. Ha-ha-ha . . . hat sich was mit Kräftigung. Den Zahnschmelz greift sie an, weil sich in der Grundmasse kleine Splitterchen befinden, und der Kindernährgrieß, der die Knochen kräftigt . . . und die Tabletten, die den Männern das Rauchen abgewöhnen sollen . . . Ach, alles Schwindel, Elli. Und wenn nicht Schwindel, so doch maßlos übertrieben. Na ja, nun hat sich die Menschheit für den Beschiß gerächt. Nun sitzen wir wenigstens alle auf der Straße.«

Das Mädchen strich dem Freund mit einer scheuen Geste über die Haare.

»Du bist jetzt immer so verbittert. Ich weiß . . . ich weiß . . . Die ewigen Sorgen. Aber sollten wir beide nicht wenigstens lieb und nett zueinander sein? Sieh mal, wir haben doch nur dieses eine Leben, und . . . und es wäre doch so schön, wenn wir uns wenigstens verstehen würden.«

»Wie friedlich die Stadt daliegt. Könnte man nicht glauben, es wäre alles eitel Friede und Freude und Sonnenschein?«

»Die Welt ist auch friedlich, Fred. Nur die Menschen, die bringen die Unruhe. Ich würde dir immer so gern etwas Liebes und Nettes sagen, aber die Angst um die Zukunft tötet mir die Worte auf der Zunge. Die Angst, Fred, und die Ungewißheit, die machen die Menschen böse.«

»Es ist nicht die Angst, Elli. Die Angst ist nur die Folge, nicht die Ursache. Die Ursache sind unsere hemmungslosen Wünsche: die machen uns gierig. Sie treiben unsere Ansprüche hoch, und hier liegt der Keim zu allem Unglück. Jetzt sehnst du dich nur nach einem Kleid und einem Mantel . . . wenn du aber beides hast, willst du mehr haben, und alle wollen wir mehr haben. Immer mehr und mehr. Wer ein Auto hat, will noch ein zweites besitzen. Wer sechs Zimmer bewohnt, glaubt, acht nötig zu haben. Niemals sehen wir auf das, was wir haben; immer aber auf das, was uns fehlt und was wir noch besitzen möchten. Der Arbeitslose kämpft fürs Sattessen, der Wohlhabende aber um die Verbreiterung seiner gesellschaftlichen Position . . .«

»Und wer ist daran schuld, Fred?«

»Der schnelle Fortschritt unserer Technik. Immer haben wir noch etwas Besseres und Schöneres und Vollkommeneres erfunden. Das ist zwar sehr schön, aber wir entwerten damit den Besitz, den wir in Händen haben. Und weil wir das tun, sind wir gezwungen, uns immer wieder nach dem Neuesten zu sehnen. Wir erfreuen uns an unserem Besitz nicht mehr, wir ärgern uns über ihn, denn wir bekommen jeden Tag seine Unvollkommenheit aufs neue vorgeführt. Siehst du, und das ist etwas, das die Menschen nicht ertragen können. Sie sind so schlau in ihren Schöpfungen, daß sie die Freude daran verlernt haben, und weil es so ist . . .« Fred unterbrach seinen Satz, weil das Mädchen sich ängstlich an ihn geklammert hatte.

»Sieh nur«, stammelte es und deutete mit der Hand hinunter auf die Stadt. An mehreren Stellen begannen Flammen aufzuflackern, und dichter Qualm stieg hoch.

Der junge Mann legte die Hand über die Augen und starrte hinunter.

Bald hatte sich das Feuer ausgebreitet, man sah die feurigen Zungen über die Dächer steigen und einen glutroten Schein auf das graue Bild der Stadt werfen.

»Sie stecken die Fabriken an«, rief der junge Mann aufgeregt. »Mit diesem Feuer sinkt vielleicht die letzte Hoffnung dahin, die wir noch für unsere Zukunft hegen konnten.«

»Nein«, schrie das Mädchen, schlug die Hände vor sein Gesicht und weinte, daß das Schluchzen seinen ganzen schmächtigen Körper erschütterte.

Der junge Mann bekam seine Begleiterin bei der Hand zu packen, und beide stolperten den gewundenen Weg, der zur Stadt führte, hinunter.

Schnell waren sie unseren Blicken entschwunden, aber wir hörten noch immer das Schluchzen, das aus der Kehle des entsetzten Mädchens kam.

Unsere Blicke wanderten wieder hinüber zu dem Qualm, der wie gierige Finger über die Dächer der Häuser dahingeisterte, und in meinem Herzen war ein großes Entsetzen über die Wendung, die die Dinge so plötzlich genommen hatten. Ich verstand längst nicht alles von den Ereignissen, deren Zeugen wir dank Ghels starkem Willen geworden waren, aber das, was mein kleiner Verstand begriff, war schlimm genug. Ja, mehr als das: Ich erfaßte jetzt erst die Mahnung, die uns der Priester mit dieser Vision zukommen lassen wollte, und ich verstand jetzt erst so recht die Gründe für die Abneigung, die er gegen Toms Plan hatte.

Nichts von alledem, was jetzt noch geschah, konnte mich in meinem Glauben wankend machen, daß wir einem schrecklichen Ziel entgegensteuerten, aber trotzdem wußte ich, daß es längst zu spät war, um noch umkehren zu können.

Mit Tom allein, nun, ich glaube, wenn wir uns alle energisch gegen seine Wünsche gestemmt hätten, mit Tom wären wir noch fertig geworden, aber die Menschen, diese dreihundert Menschen, die nur die Hoffnung sehen und nicht die Folgen, sie werden sich gern zu Handlangern von Toms Absichten machen lassen, und was vermögen wir wenigen – das heißt Ghel, ich selbst und vielleicht noch Uhba – dagegen auszurichten.

Aus dem Qualm wurde nun ein dünner, schleierartiger Nebel, der sich nicht nur über meine Augen, nein, auch über meine Ohren und über meinen Verstand legte. Das bisher so klare Bild verschwamm, die Töne verzerrten sich und verrauschten ersterbend ins Nichts, und mein Gehirn konnte keinen klaren Gedanken mehr fassen. Ich war nicht mehr ich selbst; ich war ausgelöscht. Eine apathische Ruhe ergriff meinen ganzen Körper, aber es war eine Ruhe, die mehr von einer Erschlaffung als von einer Befreiung und Erlösung an sich hatte . . .

11. Ein gütiger Mensch gegen die grausame Natur

Das summende Brausen in meinen Ohren und der stechende Schmerz in meinen Augen ließen langsam nach.

Immer noch stand Ghel gebeugt vor uns, aber es war nicht mehr in dem Park. Wieder stand er an dem Feld, das Tom und Mot für ihren Versuch abgesteckt hatten, und wir anderen standen im Halbkreis um ihn herum.

Er hob die Hand und warf den Stein wieder zurück auf das abgesteckte Gelände. Der Kiesel rollte ein Stück über den Boden und blieb dann liegen; und mit ihm – wenn Ghel uns die Wahrheit gezeigt hatte – die Bäume und Straßen, die Menschen und ihre hoffnungslosen Fabriken.

Langsam richtete Ghel sich hoch, und seine müde Gestalt begann sich etwas zu straffen.

»Ich weiß nicht, ob es mir gelungen ist, euch einen Blick in die Welt tun zu lassen, die in den Urteilchen dieses Gesteins verborgen liegt«, sagte er schleppend. »Jedenfalls habe ich sie selbst eben wieder gesehen und . . .«

»Oh«, schrie Uhba, »war das die Welt, die du uns zeigen wolltest? Was mich anbetrifft, so habe ich sie gesehen.«

»Es war die Welt. Und wie hat sie dir gefallen?«

»Das weiß ich nicht, Ghel«, erwiderte Uhba schaudernd. »Es war schön und furchtbar zugleich. Unbeschreiblich schön, aber auch so bedrückend und furchteinflößend. Ich glaubte, als ich die ersten Schritte in dieser Welt tat, diese Menschen müßten unbeschreiblich glücklich sein, aber jetzt glaube ich, sie sind nicht glücklich.«

»Nein«, sagte Ghel gütig, »sie sind nicht glücklich. Sie sind Menschen; weder gut noch schlecht. Mit den Schlacken ihres unausgeglichenen Charakters behangen, werden sie zu einer Beute ihrer Lüste und Begierden.«

»Na und?« sagte Tom schroff. »Soll diese Welt, von der Ghel uns einreden will, daß sie verborgen in dem Gestein dieses Berges liegt, uns Vorbild sein?«

»Nein«, entgegnete Ghel, »sie soll uns keineswegs Vorbild sein, denn sie wäre ein sehr schlechtes und wenig nachahmenswertes.«

»Dann begreife ich nicht, was du mit deinem Versuch sagen wolltest.«

»Ich habe mir gedacht, daß du das nicht weißt. So will ich es dir denn sagen: Können wir es, nachdem wir diese Mischung aus Liebreiz, aus Lebensfreude und Unfähigkeit, das Leben zu meistern, gesehen haben, können wir es wirklich verantworten, diese Welt, in der es neben Haß und Gier auch Liebe und Lebensfreude gibt, zu vernichten, nur um unser eigenes Leben zu retten, ein Leben, von dem in keiner Weise feststeht, daß es besser und gütiger und vollkommener sein wird?«

Tom schnaufte höhnisch auf.

»Eine Welt, die im Reichtum verkommt«, sagte er scharf, »die das Leben so wenig zu meistern versteht, die hat keinen Anspruch darauf, zu leben. Sie muß weichen, wenn es gilt, Höheres zu erhalten.«

»Sind wir denn wirklich Höheres?«

»O ja«, sagte Adem, »ich glaube, Ghel, das können wir von uns getrost behaupten. Bei uns gibt es keinen Haß und keinen Neid, keine Begierde auf Kosten der anderen.«

»Nein«, erwiderte Ghel, »die gibt es bei uns nicht. Darin hast du völlig recht. Wenigstens gibt es sie noch nicht. Und warum? Weil unsere Mittel so beschränkt sind, daß sie nur ausreichen, wenn sie gleichmäßig auf alle verteilt sind. Aber wie wird es werden, wenn Toms Plan gelingt? Wenn auch bei uns der Überfluß einzieht und die furchtbare Bremse der Not von uns genommen ist?«

»Warum sollte es denn anders sein als jetzt?« fragte Gan verständnislos.

»Ich habe nicht gesagt, daß es dann anders wird. Aber ich meine, es *könnte* anders werden.«

»Das ist müßige Rederei, Ghel«, antwortete Tom in seinem üblichen Ton der Überheblichkeit. »Was mich anbetrifft, so bin ich nicht gewohnt, mit dem zu rechnen, was sein könnte, sondern nur mit dem, was ist. Und daher wiederhole ich noch einmal, daß eine so unvollkommene Welt kein Recht darauf hat zu leben, wenn dieses Leben auf Kosten einer besseren Welt erfolgt. Und da du nur die Worte des Gefühls und des Glaubens verstehst, muß ich dir sagen, daß auch Gott mit unserem Werke sein wird.«

»Gott«, so antwortete ihm der Priester, »liebt auch seine Sorgenkinder, ja, die liebt er ganz besonders.«

»Nein«, antwortete der Forscher bestimmt, »Gott strebt nach Vollkommenheit. Das Prinzip der Natur ist Ausmerzung des Unvollkommenen und Schlechten. Das können wir in allen Büchern des Glaubens und der Wissenschaft lesen. Ivo wird bestätigen, daß es wirklich so ist.« Er ließ mir keine Zeit zu antworten, sondern sprach sofort weiter: »Wir tun daher kein Gott wohlgefälliges Werk, wenn wir auf das Schlechte Rücksicht nehmen und das Bessere verkommen lassen.«

»Ist das auch eure Meinung?« fragte Ghel leise.

»Ja, Ghel«, antwortete Adem, der als der Herrscher unseres kleinen Reiches die gewichtigste Stimme verkörperte, »ich glaube, wir sind alle seiner Meinung. Auch mir ist bekannt, daß die Natur grausam und rücksichtslos ist, daß sie den Schwächeren vernichtet, um den Stärkeren zu fördern. Warum sollen wir Menschen, die wir doch auch nichts anderes sind als ein Stück der Natur und daher uns ihren Gesetzen nicht entziehen können, hier großzügiger denken als sie selbst?«

»Warum?« sagte Ghel. »Ich will dir diese Frage, die mich entsetzt, mit zwei, drei Sätzen beantworten: Weil wir die Spitze der Natur sind, weil wir von Gott dazu ausersehen wurden, ein neues Prinzip zu verkörpern. Das Verständnis gegen die Macht des Stärkeren. Was den Sinn unseres Lebens anbetrifft, so stehen wir Menschen damit erst am Anfang. Wir haben einen schweren Kampf zu fechten, das gebe ich zu, aber der Lohn, der uns dafür winkt, ist auch über alle Maßen herrlich. Er ist göttlich, wenn wir den Kampf gewinnen. Wir leben, das habt ihr vielleicht noch nicht begriffen, auf der Grenzscheide zwischen der Brutalität des Prinzips der verschwenderischen Auslese und der göttlichen Güte. Vielleicht sind wir von allen Lebewesen des ganzen Alls dazu ausersehen, jetzt zu entscheiden, zu welcher Seite wir uns schlagen wollen.«

»Wenn wir wirklich, wie du sagst, das Zünglein an der Waage im ganzen All sind«, erwiderte Liz, »so wäre es unvernünftig, von uns zu verlangen, daß wir, ein kleines Häuflein von wenig mehr als dreihundert Menschen, die ganze Last dieses Kampfes, und zwar sowohl die körperliche Last als auch die seelische Last, allein tragen sollen.«

»Sehr richtig«, fiel ihm Gan ins Wort, »wir sind zuwenig, um einen solchen Kampf, gegen den die stärksten Gewalten stehen, mit einigem Erfolg führen zu können. Auch ich bin dafür, daß wir uns dafür entscheiden, Toms Plan nunmehr schnellstens durchzuführen.«

»Und was sagt ihr dazu?« wandte sich Ghel an die beiden Frauen. Nachdem die Männer nur an die Möglichkeit dachten, das physische Leben zu verbessern, waren sie seine letzten Hilfstruppen, falls sie das Gefühl für Mitleid und Hilfsbereitschaft, das in jeder Frau schlummert, nicht verleugneten.

Aber Chorr enttäuschte ihn schon mit ihren ersten Worten.

»Ich habe keinen anderen Wunsch, als ein Leben der Ruhe, der Sorglosigkeit und des gegenseitigen Verstehens an der Seite von Tom zu führen. Als Frauen sind wir vom Schicksal dazu ausersehen, gegen die Unrast der Männer die Liebe zu setzen. Aber die Liebe verkümmert, wenn die Sorge um die nackte Existenz alle Kräfte aufzehrt.«

»Und du, Uhba?« sagte Ghel sehr müde.

»Ich möchte Kinder haben«, erwiderte Uhba einfach.

»Ihr wollt alle etwas haben, aber niemand will etwas geben«, erwiderte Ghel, dann drehte er sich um und ging langsam fort. In Richtung auf die Stadt zu.

»Vom Opfer allein kann man nicht leben«, rief ihm Tom mit häßlicher, metallisch klingender Stimme nach.

»Wann werden wir dein Experiment durchführen?« fragte Liz aufgeregt.

»Experiment?« sagte Tom gedehnt. »Bei mir gibt es keine Experimente mehr, wenn ich mein Laboratorium verlassen habe. Ich habe einen endgültigen Plan, unsere Welt zu retten . . .«

»Na schön! Und wann wirst du an die Ausführung dieses Planes gehen?«

»Wieviel Tage werden wir brauchen, um alle benötigten Geräte bereitzustellen und hierher zu bringen?« fragte Tom, sich an Mot wendend.

»Vier«, antwortete Mot sofort und bewies damit, daß er alles bis ins kleinste bereits vorbereitet hatte.

»Vier«, wiederholte Tom. »Dann brauche ich noch zwei Tage, um alles, was für unsere Arbeit notwendig ist, hier aufzubauen, so daß wir am siebenten Tag beginnen können. Ich nehme an, daß dann noch zwei Tage vergehen werden, bis sich unsere Arbeit auszuwirken beginnt.«

»Demnach könnten also heute in neun Tagen die Hüllen fallen?«

»Ja!«

Das Gemurmel bewies, wie sehr alle Anwesenden von diesen präzisen Angaben beeindruckt waren.

»Wieviel Leute kannst du mir zur Verfügung stellen?« fragte Tom nach einer Weile, sich an Gan wendend.

»Wieviel . . . du lieber Himmel, welch eine Frage. Alle natürlich. Wenn wir unseren Leuten erzählen, daß die Tage ihrer Gefangenschaft gezählt sind, wird sich niemand zurückhalten lassen, selbst mit Hand anzulegen. Du wirst mehr Hilfskräfte haben, als du gebrauchen kannst . . .«

12. Der Prediger aus der Wüste

Als Toms Plan der Öffentlichkeit bekanntgegeben wurde, brach ein Jubel ohnegleichen aus. Die Menschen standen eng aneinander gedrückt vor der Arbeitsstätte des Forschers, Stunden um Stunden, und starrten hinauf zu den Fenstern, hinter denen sich die letzten Vorbereitungen zu dem großen Werk vollzogen.

Sie konnten kaum damit rechnen, daß sich Tom in diesen aufregenden Stunden um sie bekümmere, sie konnten auch nicht erwarten, eine weitere Nachricht zu bekommen, aber sie standen und wichen nicht.

Stehen und nicht weichen, das ist das Hauptkennzeichen der Masse. Erwarten, hoffen, phantasieren und sinnlos herumschwatzen . . . etwas Schöneres kann sie sich nicht denken, und wahrscheinlich hat sie in solchen Augenblicken ihre glücklichsten Stunden.

Zwei Tage später waren Tom und Mot dann endlich so weit, daß die Geräte, Maschinen, Handwerkzeuge und was dergleichen zu ihrem Plan gehörte, ich weiß es nicht, denn ich bin ein Bücherwurm und kein Tatsachenmensch, hinauf ins Gebirge gebracht werden konnten.

In unersättlichem Eifer beluden sich die Menschen mit den Sachen, und in einem Tempo, das in einem bemerkenswerten Gegensatz zu ihrer sonstigen Trägheit stand, hasteten sie die Berghänge hinauf und hinab.

An dem ausgewählten Gelände stapelten sich die Geräte. Es war unvorstellbar, welche Mengen Tom für sein Vorhaben benötigte. Fast dreihundert Leute trugen vier Tage lang Stunden um Stunden immer neue Gerätschaften, und es war uns allen unbegreiflich, wann diese Hilfsmittel angefertig worden waren.

Ich konnte eine gewisse Bewunderung für die beiden Forscher und ihre Assistenten nicht unterdrücken. Mehrere Jahre mußten sie in aller Stille daran gearbeitet haben, und wieder einmal sah ich den unermüdlichen Fanatismus, der in jedem echten Forscher steckt.

Am fünften Tage kam Uhba zu mir und lud mich ein, mit ihr hinaufzugehen und mir die ganze Sache einmal näher anzusehen.

Und seltsamerweise war ich dazu sofort bereit.

Seltsamerweise, sage ich, denn es entsprach so gar nicht meinem Wesen, Neugierde für Dinge dieser Art zu empfinden.

Aber ich war neugierig, daran konnte gar kein Zweifel sein.

Und es war eine ganz seltsame Art von Neugierde, denn ihr hervorstechendstes Merkmal war Skepsis. Die Skepsis nämlich, daß wir uns hier in Dinge einließen, die uns leicht über den Kopf wachsen konnten.

Wir fanden dort fast alle führenden Leute unserer Gemeinschaft versammelt, eigentlich alle, bis auf Ghel, der sich völlig abgekapselt hatte und sich kaum noch sehen ließ.

Tom und Mot waren ganz in ihrem Element. Mit einer erstaunlichen Ausdauer ordneten sie den Zusammenbau der Geräte an, lobten hier und tadelten dort und hatten immer etwas zu tun, das keinen

Aufschub duldete und die Massen der Arbeitskräfte immer wieder durcheinanderbrachte.

Wir selbst legten auch hier und da Hand mit an, aber mindestens, was meine eigene Arbeitsleistung anbetrifft, so war sie mehr als illusorisch, denn ich fand so viel Aufregendes und Interessantes zu sehen, daß ich immer wieder abgelenkt wurde und eigentlich mehr eine Schauarbeit als eine Arbeit von praktischem Nutzen verrichtete.

Der Tag war bereits weit vorgeschritten, und wir machten gerade eine kleine Pause, um unsere Kräfte nicht zu sehr zu verausgaben (Gan wachte sehr ängstlich darüber, damit die Erschöpfung uns keinen Strich durch die Rechnung machen konnte), als plötzlich Hau auftauchte.

Niemand hatte ihn herankommen sehen.

Ja, niemand wußte, ob er schon lange als stiller Zuschauer dagewesen war oder ob er jetzt erst aus der Einsamkeit seiner Bergwelt herangekommen war.

Chorr hatte ihn zuerst entdeckt. Sie kam auf uns zugelaufen, um uns auf ihn aufmerksam zu machen.

Aber es dauerte nicht lange, bis er in einem sehr gegenständlichen Sinne anwesend war.

Als wir nämlich auf dem Felsgestein in einem großen chaotischen Haufen herumhockten und uns in bilderreichen Zukunftsphantasien ergingen, stand er plötzlich vor uns.

Seine ganze Haltung ließ darauf schließen, daß er nicht aus Neugierde gekommen war wie Uhba, ich und einige andere unserer engeren Freunde. Er sah uns, das heißt den ganzen Haufen, eine längere Zeit schweigend an und brach dann plötzlich in ein wildes, schrilles Lachen aus.

»Ihr Dummköpfe«, sagte er dann, »plagt ihr euch ab, um euch selbst das Grab zu schaufeln?«

»Ob Grab oder Eingang zum Himmelreich«, sagte Tak, der Spötter unserer Gemeinschaft, »auf jeden Fall haben wir vor, uns zu verändern, und wie es auch ausgehen mag, amüsant wird es auf alle Fälle sein.«

»So amüsant«, erwiderte Hau, »daß ihr alle sehr schnell sterben werdet, und niemand wird dasein, euch zu beerdigen.«

»Hohoho«, schrien ein paar empörte Zuhörer und machten Miene, dem unerwünschten Besuch an den Kragen zu gehen.

Aber andere rieten, den Narr doch leben zu lassen, damit er endlich einmal sehen könnte, was für ein Tölpel er wäre; und so löste sich die

Empörung in ein boshaftes Gelächter auf.

Doch Hau gab nicht nach. Er konnte sehr hartnäckig sein, wenn es um Dinge ging, die ihm am Herzen lagen.

»Was erwartet ihr denn eigentlich von diesem verrückten Plan?« sagte er.

»Na, ein besseres Leben als bisher«, erwiderte irgend jemand aus der Menge.

»Ach«, Hau fuhr zornig mit der Hand durch die Luft, »was wißt ihr denn von einem besseren Leben, ja, was wißt ihr denn überhaupt vom Leben? Nichts! Nichts, sage ich euch, absolut gar nichts.«

»Aber du weißt vermutlich sehr viel«, rief Tak. »In deiner Vulkangruft hast du ja die beste Gelegenheit, es zu studieren.«

»Nein«, sagte Hau, und es klang ganz eigenartig gutmütig, »auch ich weiß sehr wenig vom Leben. Woher denn auch. Aber ich weiß sehr viel von den Menschen. Und weil ich das weiß, daher lebe ich ja auch in der Einsamkeit.«

»Die Einsamkeit hat dich närrisch gemacht«, schrillte ein Zuruf auf, der allenthalben Zustimmung erweckte.

»Oh, wenn es um die Einsamkeit geht, dann müßtet ihr eigentlich doch auch ein Wörtchen mitzureden haben. Was tut ihr denn? Lebt ihr denn nicht auch in euren Hüllen abgekapselt von den andern. Kann denn bei euch einer an den anderen heran? Seid ihr denn eine Gemeinschaft? Vielleicht bildet ihr euch das ein, aber ich sage euch, es ist ein ganz verdammter Trugschluß, und an diesem Trugschluß werdet ihr alle krepieren wie arme, hilflose Tiere.«

»Wenn die Hüllen fallen, werden wir nicht mehr einsam sein«, sagte eine Frau.

»Gewiß, wenn die Hüllen fallen, werdet ihr in der Öffentlichkeit leben, aber dieses Leben muß erst gelernt sein, und es liegt nicht in den Fähigkeiten der Menschen, etwas schnell und leicht zu lernen.«

»Oho, da unterschätzt du uns aber sehr«, sagte Tom, der jetzt eben herangekommen war und den letzten Teil von Haus Anklage mitangehört hatte.

»Menschen kann man überhaupt nicht unterschätzen, man kann sie nur überschätzen. Und was das Lernen anbetrifft, da müßtest du doch am besten wissen, daß sich der Mensch nur in der alten, gewohnten Umgebung wohl fühlt. Selbst wenn du ihnen den Himmel auf Erden bescherst, sie werden diesen Himmel verachten, wenn sie keine Zeit haben, sich schrittweise und vorsichtig daran zu gewöhnen.«

»Das trifft vielleicht für das Unglück zu, aber nicht für das Glück«, antwortete Tom in seinem kurzen, schroffen Tonfall.

»Nein, es trifft gerade für das Glück zu«, sagte Hau. »Das Unglück macht bescheiden, aber das Glück macht habgierig und herzlos.«

Ich kann nicht sagen, daß Hau mir besonders sympathisch gewesen wäre. Ich verachte alle rechthaberischen Menschen, die die ganze Welt nach ihren kümmerlichen Doktrinen einteilen und diesem Schema zuliebe selbst die besten Absichten und Taten nicht anzuerkennen bereit sind, wenn sie ihnen nicht in ihren Kram passen. Aber in diesem Augenblick hatte ich das unbehagliche Gefühl, daß Hau eben eine der Grundwahrheiten des menschlichen Lebens ausgesprochen hatte und daß er wohl der einzige in unserem ganzen Kreise war, der die Gefahren richtig erkannte, die uns bedrohten.

Und als wenn er meine Gedanken begriffen hätte, fuhr er fort: »Es mag sehr gut sein, daß dir, Tom, die technische Seite deines Vorhabens außerordentlich gut gelingt. Ich bin der letzte, der an deinen außergewöhnlichen Fähigkeiten Zweifel hegen möchte. Aber die Technik, die ist nur das Handwerkszeug und nicht der Mittelpunkt und der eigentliche Zweck und Sinn des Lebens, obwohl du dir alle Mühe gibst, uns das immer wieder einzureden. Nein, die Sache hat auch noch eine seelische Seite, und an dieser Seele wirst du scheitern. Denke ja nicht, daß ich das sage, um dich zu kränken. Ich weiß genau, daß du nicht anders kannst und daß du in dem Glauben lebst, für alle das Beste zu wollen. Aber du wirst das Beste nicht erreichen, ja, du wirst nicht einmal etwas Gutes erreichen.«

»Du brauchst ja, wenn es dir Spaß macht, von unserer Tat keinen Nutzen zu ziehen«, sagte Tom gehässig. »Du kannst ja getrost in deinem Felsenloch hockenbleiben.«

»Das ist eine müßige Rederei, Tom. Ich glaube, du weißt genau, daß dein Plan etwas Endgültiges hat und daß ich ihm genauso unterworfen sein werde wie alle anderen auf diesem Planeten. Ich weiß das. Ich weiß auch, daß du mich genauso morden wirst, wie du alle anderen, die hier sitzen, morden wirst. Das ist es aber nicht, was ich dir zum Vorwurf mache, denn du hast den Entschuldigungsgrund der fachlichen Engstirnigkeit auf deiner Seite. Was ich dir aber als Schuld anrechne, ist, daß du eigensinnig bei dieser Engstirnigkeit verharrst. Du siehst nur deine technischen Fragen. Du siehst nur, wie du diese häßlichen Körperpanzer beseitigen kannst. Unter jedem dieser Panzer schlägt ein Herz, und diese Herzen werden dich verfluchen, und ihr letzter Schlag wird eine Verdammung deiner Kurzsichtigkeit sein.«

Es war höchst selten, daß man Hau, den keiner unter unseren

Menschen für normal hielt, so lange hatte reden lassen, ohne ihn zu unterbrechen. Es war nicht das Mitleid mit einem Narren, der die Münder geschlossen hielt, es war wohl vielmehr das Aufkeimen der Ahnung, daß die neue Welt, die Tom für uns heraufzaubern wollte, wirklich etwas grundsätzliches Neues war, etwas so Neues, daß es uns allen die größten Sorgen bereiten mußte, damit fertigzuwerden.

Vielleicht begriff auch Tom zum erstenmal etwas von dem Schicksal, das er für uns heraufbeschwören wollte, denn er drehte sich um und ging fort, ohne ein weiteres Wort zu sagen.

Das Feuer (Ivos Flucht)

Drei Tage habe ich nichts anderes gesehen als den Widerschein des großen Brandes jenseits der Berge. Flackernd geisterte er über die Wolken, die jetzt den ganzen Himmel überzogen haben. Noch immer regnet es, und der Regen verschlingt so viel von diesem Schein, daß nichts als ein zartrosa Hauch übrigbleibt, der viel zu milde ist, um furchteinflößend zu wirken.

Als ich aber heute morgen vor die Höhle trat – ich muß das immer wieder tun, denn der Gestank der verwesenden und zerfließenden Tierkörper ist unerträglich –, sah ich zum erstenmal wieder Zungen der Flammen über die schroffen Gipfel der Berge lecken.

Das Feuer ist wieder weiter vorgedrungen. Aber noch – so glaubte ich – sind mir zwei oder drei Tage Rast in dieser elenden Höhle vergönnt.

Nördlich von mir jedoch ist das Feuer schon viel weiter gezogen. Dort drüben, wo die Bergkette liegt, deren spitze Zinnen den ausgestreckten Fingern einer erhobenen Hand gleichen, dort drüben muß es in Kürze das Meer erreichen.

Ich war dann in meine Höhle zurückgegangen und hatte das zwölfte Kapitel geschrieben. Eine Stunde hatte ich darauf darüber nachgegrübelt, wie ich dir, Freund einer fremden Welt, die Stunden klarmachen sollte, da Toms großer Plan durchgeführt wurde.

Sicher ist dies der schwierigste Teil meines ganzen Berichtes, denn wie soll ich in einfache, dürre Worte zusammenfassen, was in Wirklichkeit ein undurchdringliches Dickicht von Hoffnungen, Stolz, Übermut, Angst, Unruhe und jubelnder Freude war.

Auf einer kleinen Tafel hatte ich mir die einzelnen Punkte aufgeschrieben, die ich nicht übergehen darf, um deiner Verständnisbereitschaft nicht zuviel zuzumuten.

Bald hatte ich die ganze Tafel mit meinen Stichworten bedeckt, und immer wieder fiel mir etwas Neues ein. Ein dickes Buch von vielen hundert, ja tausend Seiten würde nicht ausreichen, um die Ereignisse dieser wenigen Stunden zu schildern.

Aber wie sollte ich, den das Feuer immer weiterhetzt und dessen letzter Weg immer schmaler wird, wie sollte ein solcher Mensch, der zwischen Angst und Erschöpfung hin und her gerissen wird, noch die Zeit finden, das alles zu erzählen, was eigentlich gesagt werden müßte.

So blieb mir nichts anderes übrig, als zu streichen und immer wieder zu streichen.

Mein Plan, der so sehr ins Uferlose aufgequollen war, schrumpfte wieder zusammen, und langsam begann sich das Gerippe für den nächsten Abschnitt herauszuschälen.

In dieser endgültigen Form wird er nur wenige Seiten zählen, und ich hoffe, daß das Schicksal mir noch Zeit genug läßt, diese Arbeit zu beenden.

Langsam legte ich mir das Schreibmaterial zurecht und wollte gerade mit der Niederschrift der Überschrift beginnen, als eine furchtbare Explosion die Wände meiner Höhle erzittern ließ. Es war, als wenn die Natur selbst die Musik zu dem Abschnitt schreiben wolle, den ich eben begann.

Ich ließ alles, was ich auf dem Schoß gehalten hatte, auf die Erde fallen und stürzte aus der Höhle.

Schon der erste Blick zeigt mir, was geschehen ist. Das Feuer hat tatsächlich das Meer erreicht, hat sich scheinbar ein Stück unter ihm dahingefressen, dann ist durch eine Spalte das Wasser zu dem unterirdischen Brandherd vorgedrungen, und die ungeheure Entwicklung von Wasserdampf hat einfach ein Stück des Meeresgrundes in die Luft gesprengt.

Dicke Qualmwolken steigen aus dem Meere auf, beleuchtet von dem Geflacker des großen Brandes, der auch durch das Wasser nicht zum Stehen gekommen ist.

Immer neue Erschütterungen lassen Boden und Felsen erbeben, und an vielen Stellen schießen losgerissene Steinbrocken mit schrecklichem Gepolter zu Tal.

Ich stürze zurück in die Höhle, ergreife meine wenigen Sachen und stolpere wieder hinaus ins Freie, ohne mir Zeit gelassen zu haben, alles wieder so zu verpacken, daß ihm der Regen nichts mehr anhaben kann.

Um keinen Preis der Welt wäre ich auch nur noch einen Herzschlag lang in dieser Höhle geblieben, jeden Augenblick in Gefahr, verschüttet oder durch einen Einsturz von dem Ausgang abgeschnitten zu werden.

Ja, so ist der Mensch!

Den sicheren Tod vor Augen, einen Tod, der vielleicht noch vier oder fünf, aber keinesfalls länger als sieben Tage auf sich warten lassen wird, zittert er doch davor, in einer Höhle durch einen vor den Eingang stürzenden Stein gefangengehalten zu werden.

Zitternd hocke ich vor der Höhle, so weit entfernt, daß mir ein Felssturz nicht so leicht etwas anhaben kann.

Der Regen drischt auf mich hernieder und durchweicht meine Aufzeichnungen und die Tabletten, die meine Nahrung sind. Ich aber achte nicht darauf. Ich presse mein Besitztum fest an mich und starre angstvoll hinüber zu den Bergen, hinter denen ich das Meer weiß, das sich in immer neuen Eruptionen einen Weg durch Feuer und Glut sucht und jedesmal dabei dennoch hoffnungslos unterliegt.

Aber es ist nutzlos, hier herumzusitzen und sich naßregnen zu lassen. Wenn ich schon die Höhle verlassen habe, dann ist es besser weiterzuwandern, nach Südosten zu, die einzige Richtung, die das Feuer, das mich nun schon in einem großen Halbkreis umgibt, noch gelassen hat.

Ich raffe mich also zusammen, packe schnell mein Bündel und mache mich auf meinen glitschigen, sumpfigen Weg.

Immer noch muß ich die hohen Bergrücken überqueren, muß Umwege machen, wenn die Grate zu steil sind, und mich vorsichtig an den scharfkantigen Felsen vorwärtstasten, wenn der Hang zu schroff neben mir in eine bodenlose Tiefe führt.

Mehrere Male kann ich nicht weiter. Die Wärme und der Regen haben das Eis der Berggipfel aufgeschmolzen, und immer öfter versperren mir reißende Bäche, die in wilden Kaskaden und mit donnerndem Gepolter zu Tal stürzen, den Weg.

Stundenlang muß ich dann oft laufen, um eine Stelle zu finden, wo ich diese sprudelnden, gischtigen Wassermassen überqueren kann.

Als ich zwei Tage vom Morgen bis zum Abend marschiert war – ich spreche von Morgen und Abend, weil ich keine andere Möglichkeit sehe, die Zeitspanne zwischen dem Hochkriechen von meinem Ruheplatz unter einem Steinüberhang und dem Zusammenbrechen nach stundenlangem Marsch klar auszudrücken –, aber in Wirklichkeit gibt es schon längst keinen Morgen und keinen Abend, keinen Tag und keine Nacht mehr für mich, denn alles ist angefüllt von dem gleichen rötlichen, flackernden Licht, dem durch die Wolken zurückgespielten roten Schein des großen Brandes –, als ich also zwei Tage vom Morgen bis zum Abend marschiert war, sehe ich hinter mir immer noch den breitrückigen Berg, an dessen Fuß meine letzte Höhle lag.

In der Luftlinie ist es nur wenig, was ich bisher zurückgelegt habe, aber mich tröstet der Gedanke – wenn man in diesem Zusammenhange überhaupt von Trost sprechen kann –, daß das Feuer sich nicht in der Luftlinie weiterfrißt und daß ich daher durch meinen anstrengenden Marsch doch wieder etwas Zwischenraum zwischen mich und die Flammen gebracht habe.

Ich beschließe, noch einen Tag zuzugeben und mir dann wieder eine Höhle zu suchen.

Die Explosionen dort drüben am Meer haben zwar noch immer nicht aufgehört, aber sie sind etwas schwächer geworden, und es ist ja auch sinnlos, aus Angst vor dem Verlust weniger Tage nun auf die wenigstens trockene Geborgenheit der Höhlen zu verzichten.

Als der dritte Tag sich seinem Ende zuneigte, nähere ich mich wieder dem Fuß eines Berges, und ich beschließe, falls ich hier eine Höhle finden sollte, wieder ein paar Tage zu rasten.

Aber da, wo ich den Fuß des Berges erreiche, ist eine längere, glatte Wand, völlig ohne Höhlen, ja selbst ohne Nischen. So weit ich auch sehen kann, zieht sich diese Wand nach Süden hin. Es würde nutzlose Zeitverschwendung sein, an ihr entlangzugehen. Ich drehe daher um und wandere nach Norden, denn hier ist der Stein zerfressen und zerklüftet, und die Hoffnung, recht bald einen geeigneten Unterschlupf zu finden, daher wesentlich größer.

Ich bin erst eine kurze Strecke gegangen und gerade über den zerklüfteten Schauplatz eines Bergsturzes geklettert, als ich nicht weit vor mir etwas auf der Erde liegen sehe.

Ich habe gleich eine Vermutung, was es sein könnte, aber ich wage nicht einmal vor mir selbst, dieser Vermutung Ausdruck zu geben.

Erst als ich ein paar hundert Schritte näher herangekommen bin, sehe ich, es ist tatsächlich . . . ein Mensch. Zu Boden gestürzt, liegt er auf dem Gesicht, die ausgestreckten Hände in das Gestein gekrallt. Er bewegt sich nicht, scheint also tot zu sein.

Verwirrt bleibe ich stehen. Ich bin sicher, daß alle Menschen auf diesem Planeten (mit Ausnahme von mir) tot sind, und zwar gestorben in einem furchtbaren Hexentanz von Zorn, Raserei und grauenhaftem Entsetzen. Und nun sehe ich hier plötzlich einen Menschen vor mir.

Wenn er jetzt auch tot ist, so muß er doch immerhin noch am Leben gewesen sein, als er hierher kam, und das ist es, was mich so verwirrt.

Wer konnte es sein?

Hatte es vielleicht doch noch irgendwo auf diesem Stern Menschen an anderer Stelle gegeben, Menschen, die es auf ihre Weise verstanden hatten, der furchtbaren Kälte des Weltenraumes zu trotzen?

Kaum. Wir hätten sicher längst von ihnen erfahren.

Aber wenn ich es recht bedenke, so gibt es eigentlich keine andere Lösung.

Diese Ungewißheit über die Herkunft des Menschen läßt mich nur langsam und zögernd näher gehen.

Aber schon nach wenigen Schritten sehe ich, daß neben dem Menschen noch etwas liegt. Ich dachte zunächst, es wäre sein Gepäck, das ihm aus den Händen gefallen war, als er zusammenbrach.

Aber mit einem Male richtet sich dieses braune Bündel auf und beginnt herumzulaufen. Da weiß ich, daß es zwei kleine Tiere sind, und ich weiß ferner, daß der Mensch, der da liegt, niemand anders ist . . . als Hau.

Ich beginne zu laufen.

Bei Hau angekommen, knie ich nieder, drehe ihn auf den Rücken und halte mein Ohr auf die Stelle seiner Hülle, unter der ich sein Herz weiß.

Ein heißes, beglückendes Gefühl durchzieht mich.

Hau ist nicht tot.

Ganz langsam zwar nur schlägt sein Herz, aber es schlägt.

Niemals in meinem ganzen Leben habe ich ein ähnliches Gefühl gehabt wie in diesem Augenblick, da ich weiß, daß die letzten Tage meines Lebens nun nicht mehr einsam und verlassen sein werden.

Ich bin froh, daß er noch seine Maske trägt, denn wer weiß, wie lange er hier schon liegt, und wenn die Masken, die wir so oft verwünschten, etwas Gutes an sich haben, so sah ich es jetzt, als mir klar wurde, daß der Regen Hau nicht viel angetan haben konnte.

Ich packe sein Bündel und mein Bündel nebeneinander und lege ihn dann – es ist ein schönes Stück Arbeit, den schweren Körper anzuheben – darauf nieder.

Dann mache ich mich auf die Suche nach einer Höhle. Ich habe nur den einen Wunsch, daß sie nicht zu weit entfernt sein möge, denn ausgemergelt und müde wie ich bin, wäre es mir ganz unmöglich gewesen, Hau dorthin zu bringen.

Doch das Schicksal hat Mitleid mit uns. Kaum zwanzig Schritte entfernt finde ich eine schöne, trockene Höhle, hell und geräumig und mit klarer, würziger Luft gefüllt.

Nach einiger Mühe gelingt es mir, Hau so über meine Schulter zu heben, daß der Oberkörper nach hinten hängt, während ich ihn an den

Beinen festhalte. Schwankend und mich an der Felswand entlangtastend, bringe ich ihn dann in unseren Unterschlupf und bette ihn in eine Ecke . . .

13. Feuer schießt gen Himmel

Am elften Tag nach unserer Zusammenkunft mit Tom, Mot und den anderen schritten die Forscher zur Durchführung ihres Planes. Schon am frühen Morgen fanden sich die Menschen am Rande der Stadt ein, von wo aus man einen Blick auf das Experimentationsgelände hatte.

Die Stimmung war sehr hoch geschraubt, und alle fieberten dem Augenblick entgegen, da Tom den Beginn des Versuches mitteilen würde.

Die beiden Forscher und etwa ein Dutzend Hilfskräfte weilten noch auf dem Feld. Sie legten die letzte Hand an die Vorbereitungen, damit alles glatt und reibungslos ablaufen sollte.

Es war Mittag, als sich an den Berghängen Tom und seine Leute zeigten. Mit schnellen Schritten kamen sie auf uns zu.

Die Leute wurden unruhig und eilten den Forschern entgegen. Zu dichten Gruppen geballt, verließen sie die Stadt.

Uhba und ich zögerten noch, aber als wir sahen, daß niemand zurückblieb, schlossen auch wir uns den letzten an.

Tom hatte zwei Leute vorausgeschickt, die uns eiligst entgegenkamen. Schon von weitem riefen sie, wir sollten sofort kehrtmachen, da die ersten Explosionen bereits in aller Kürze stattfinden würden.

Die Leute blieben stehen und wurden unschlüssig. Auf der einen Seite waren die Neugierde und die Unruhe, auf der anderen Seite war die Sorge um das Leben. Jetzt, da dieses Leben endlich besser und angenehmer werden sollte, jetzt wollte es selbstverständlich niemand aufs Spiel setzen.

So stand man also herum, bedrückt von der großen Leere, die den kleinen Mann immer erfüllt, wenn sich bedeutende Dinge vorbereiten.

Inzwischen waren auch Tom, Mot und die anderen herangekommen.

»Nun flink, flink«, rief Tom in jenem burschikosen Tonfall, der nur mühsam die Aufregung verbirgt. »Hier kann jetzt niemand stehenbleiben, wir müssen alle zurück bis zum Stadtrand.«

Umgeben von den mehr als dreihundert Leuten unserer Gemeinschaft schritt Tom dahin.

Ein kleiner König, der sich anschickt, Almosen unter das Volk zu werfen . . .

Almosen, die ein Ausfluß seines liebevollen Herzens zu sein vorgeben, in Wirklichkeit aber nichts anderes sind als das Zeichen seiner überragenden kaiserlichen Majestät, die das Schicksal der Menschen mit Brosamen von dem reich gedeckten Tisch seiner Macht ködert.

Von allen Seiten wurden Tom Fragen zugeworfen; Fragen bedrückter Seelen und erwartungshungriger Gemüter. Aber der Forscher ging stumm seines Wegs, und nur einmal öffnete sich sein Mund zu einem ungeduldigen »In zwei oder drei Tagen wird alle Not ein Ende haben.«

Am Stadtrand trat Mot zu den Leuten, hob die Hand zum Zeichen, daß er etwas zu sagen habe, und rief:

»Hier könnt ihr verweilen. Aber es ist gefährlich, näher an den Berg heranzugehen, denn es mögen nachher Steine und Felsbrocken hochgeschleudert werden . . .«

»Wie lange dauert es denn noch?« fragte eine besonders ungeduldige Seele.

Mot schüttelte seinen Kopf, verwundert über so viel Ungeduld. Aber es war eine unaufrichtige Geste. Er war froh, etwas sagen zu können, um seine Bedeutung und die Bedeutung ihrer Arbeit in das rechte Licht zu setzen.

»Keine halbe Stunde mehr«, antwortete er daher mit der müden Stimme eines Menschen, der ein fragelustiges Kind belehrt.

»Und dann können wir gleich diese Zwangsjacken ablegen?« fragte ein anderer aus der Menge.

»Nun, gleich nicht . . .«

»Oooch« und »Wie schade« und »Warum denn?« erklang es aus der Menge.

»Aber die Luft muß doch erst etwas durchgewärmt werden. Ihr dürft doch nicht vergessen, daß, sowie das Feuer etwas Luft angewärmt hat, diese hochsteigt und dafür andere kalte Luft einströmen läßt, so daß die Temperatur so lange nur langsam ansteigt, bis alle Luft unseres Planeten erwärmt ist.«

»Und wie lange dauert das?«

»Das wird wahrscheinlich Jahr und Tag dauern, aber ihr könnt euch beruhigen: In einigen Tagen wird bei uns die Luft schon so weit angewärmt sein, daß wir unsere Schutzhäute ablegen und uns in Gewänder hüllen können.«

»Gewänder?« lachte eine Frauenstimme höhnisch auf. »Ich möchte mal wissen, woher wir die nehmen sollen.«

»Laßt das nur unsere Sorge sein. Tom und ich, wir haben auch daran gedacht, und heute noch werden wir uns alle darüber unterhalten, wie ihr euch Kleidungsstücke anfertigen könnt. Bis die fertig sind, wird auch die Luft genügend erwärmt sein.«

»Hoch Tom«, schrie die Masse begeistert, »hoch Mot!«

Tom, der mit Liz und Gan etwas abseits stand, drehte sich um und winkte geschmeichelt mit der Hand.

»Ja, und dann noch eins«, fuhr Mot mit erhobener Stimme fort, nachdem der Ovationslärm etwas abgeklungen war. »Richtet euch so ein, daß ihr in den nächsten Tagen eure Häuser nicht verlassen müßt. Durch den dauernden Zu- und Abstrom von kalter und warmer Luft werden sich starke Stürme erheben, die so heftig werden können, daß ihr dagegen nicht ankönnt. Ihr würdet herumgeschleudert werden und euch womöglich verletzen. Die Pakete, die wir gestern an euch verteilt haben, enthalten die Nahrungsmittel für die nächsten fünfzig Tage. So lange werdet ihr natürlich nicht in den Häusern zu bleiben brauchen, aber wir wollten uns für alle Fälle vorsehen . . .«

Die Menge begrüßte auch diese Mitteilung mit Jubel und bewies damit, wie kurzsichtig und töricht sie denkt. Was ihr hier als weise Voraussicht und großzügige Geste der Besorgnis mit dem allgemeinen Wohl dargestellt wurde, war doch in Wirklichkeit nichts anderes als ein Zeichen der Sorge, daß vielleicht doch nicht alles so ablaufen würde, wie man es vorhergesagt und vorherberechnet hatte. Diese Pakete mit den Nahrungsmitteln bewiesen, daß Tom – allen seinen beschwörenden Worten zum Trotz – keinen absolut feststehenden Plan, sondern ein mit manchen Unsicherheitsfaktoren belastetes Experiment durchführte.

Ich glaube nicht, daß viele von den Zuhörern das begriffen haben. Eine hoffnungsgeschwellte Menge ist kaum je in der Lage, Dinge zu begreifen, die sich gegen ihre Hoffnungen wenden. So selten der einzelne Mensch optimistisch ist, so sehr hängt die Masse an ihrem Optimismus, wenn er erst einmal geweckt ist.

Aber Mot hatte noch mehr auf dem Herzen, und auch dieses war geeignet, meinen Pessimismus zu schüren.

»Es wird vielleicht gut sein«, fuhr er nämlich nach kurzer Pause fort, »wenn wir die nächsten zwei Tage gemeinsam im Rathaus verbringen, damit wir stets ausreichend Leute zur Hand haben, falls sich dieses aus dem einen oder anderen Grunde als notwendig erweisen sollte. Ich schlage daher vor . . .«

In diesem Augenblick schoß hinten an dem Berghang eine gewaltige Feuersäule empor. Niemand hatte gesehen, wie sich die Entzündung vollzogen hatte, denn alle Blicke hatten auf Mot geruht. Jetzt, als die Köpfe herumflogen, durch den grellen Lichtschein aus ihrer Versunkenheit gerissen, jetzt stand bereits ein hoher Rauchpilz in der Luft, der sich oben immer mehr verbreiterte und in dessen Achsen eine Flammensäule flackerte, die immer mehr an Ausdehnung wuchs und bald so grell geworden war, daß sie das Dämmerlicht, das wir seit je in unserer Welt gewohnt waren, in einen hellen, grellen Schein verwandelte.

Alle holten schnell ihre Brillen hervor und klemmten sie sich vor die Augen. Was die technische Seite anbetraf, so schienen Tom und seine Assistenten wirklich an alles gedacht zu haben. Als gestern die Pakete mit den vorsorglichen Nahrungsmitteln verteilt wurden, hatte auf jedem Paket eine Brille gelegen, mit der Weisung, sie zunächst stets bei sich zu tragen. Unsere Augen, an die ewige Dämmerung gewöhnt, konnten ein so grelles Licht natürlich nicht ertragen.

Wir hatten eine schwere Erderschütterung als Folge der Explosion erwartet, aber in dieser Hinsicht wurden wir angenehm enttäuscht. Der Knall, der ein Dutzend Herzschläge nach dem Feuerblitz zu uns herübergekommen war, war keineswegs außergewöhnlich heftig. Es war mehr ein dumpfes, unterirdisches Grollen, ein unterdrückter, zorniger Laut sozusagen.

Alle Kraft der Explosion schien in das Licht und die Wärme übergegangen zu sein, so daß für den Knall nichts mehr übriggeblieben war.

Wir blieben noch längere Zeit stehen, aber es ereignete sich nichts von Bedeutung. Die Helligkeit nahm noch weiterhin zu, die Rauchentwicklung ebenfalls, und der Rauchpilz stieg immer höher und wurde ständig breiter.

Das war alles.

Ich glaube, für die meisten von uns war es direkt etwas enttäuschend.

Als wir gegen Abend auseinandergingen, hatte sich auch die Temperatur nicht im mindesten geändert. Das war für viele wohl am schwersten zu ertragen.

Es ist wenigen Menschen gegeben, warten zu können, und je einfacher das Gemüt ist, um so schneller muß der Nutzen auf den Aufwand folgen, sonst verliert es die Freude und das Interesse.

Einige Wagemutige wollten sich sofort auf den Weg machen, um festzustellen, ob es in der Nähe des Feuers denn wenigstens wärmer wäre, aber das ununterbrochen anhaltende Grollen ließ sie dann doch von diesem Plan Abstand nehmen.

So gingen wir denn in das Rathaus, um dort gemeinsam die Nacht zu verbringen.

Tom hatte Liz gebeten, einige Wachen aufzustellen, die das Feuer dauernd im Auge behalten sollten und jede auffällige Veränderung zu melden hätten.

Liz fand das sehr seltsam, denn noch niemals hatten wir Wachen aufgestellt. In einer so kleinen Gemeinschaft wie der unseren ist ein Verbrechen zu risikoreich, als daß es unentdeckt bleiben könnte, und diese Sicherheit der kleinen Zahl hatte uns wenigstens diese eine Unannehmlichkeit des Zusammenlebens erspart.

Liz hatte dem Wunsch Toms natürlich sofort entsprochen, aber nachdem er die Wachen ausgewählt und aufgestellt hatte, war er zu mir gekommen und hatte sich neben Uhba und mich auf die Bank gesetzt.

»Was hältst du davon?« fragte er, kaum daß er Platz genommen hatte.

»Wovon?«

»Von diesen Wachen?«

»Das ist doch klar. Tom will sich vor Überraschungen schützen.«

»Das verstehe ich nicht«, erwiderte Liz, nachdenklich vor sich auf den Boden starrend. »Nein, das verstehe ich nicht.«

»Aber, Liz, was ist denn daran groß zu verstehen«, warf Uhba in ihrem begütigenden, ruhigen Tonfall ein.

»Ich bitte dich, Uhba. Tom hat erst heute morgen noch erklärt, daß es keine Überraschungen geben könne, weil er alles genau überlegt habe. Und jetzt ist er selbst schon so unsicher geworden, daß er nach Wachen schreit. Das ist doch seltsam und gibt zu denken. Ich würde mich gar nicht wundern, wenn unsere Leute sehr unruhig werden würden . . .«

Liz hatte mit dieser Befürchtung nicht unrecht.

Alle Augenblicke kam einer von der Wache hereingestürzt, schrie nach Tom oder Mot und meldete mit aufgeregt zitternder Stimme, daß eben ein Flammenstrahl rechts herausgeschossen wäre, was bisher noch niemals geschehen sei, oder daß das Feuer plötzlich zusammengefallen wäre und erst mühsam wieder in Gang gekommen zu sein schien.

Dann sprang Tom sofort auf und lief mit dem Mann hinaus, um gleich darauf zurückzukommen und auf die lächerliche Unruhe der Wachen zu schimpfen.

Aber dieses Schimpfen konnte die Besorgtheit, die die Leute langsam zu ergreifen begann, nicht unterdrücken, denn Tom selbst war viel zu unruhig, um besänftigend auf die Gemüter zu wirken.

So wurde die erste Nacht zu einer mühsam dahinschleichenden, von tausend Zwischenfällen aufgestachelten Qual, und niemand konnte in den Schlaf finden.

Wir gaben es denn auch bald auf, erhoben uns und gingen hinaus, um das Feuer zu betrachten, das gleichmäßig und ununterbrochen weiterbrannte und in keiner Weise so aussah, als wenn von dort eine Hilfe für uns kommen könnte.

Wir standen und schauten, aber unsere Herzen und Gehirne waren leer . . . auf eine seltsame, müde Art leer.

Tom, das fühlten jetzt alle, war längst nicht die Stütze und die Autorität, die die Menschen in ihm und seinem Plan gesehen hatten, und so schob seine Unruhe den ersten Keil in die Hoffnungsfreudigkeit dieser Menschen.

Das Feuer (Ivos Flucht)

Hau ist noch immer nicht zu sich gekommen. Er liegt auf dem Rücken, die zu Fäusten geballten Hände auf die Brust gepreßt. Sein Atem geht schnell und ungleichmäßig.

Die beiden Tiere, die mit Hau gekommen sind, weichen nicht von seinem Lager. Meist sitzen sie, auf die Hinterbeine gedrückt, vor ihm und starren ihn stundenlang an, ohne von ihrem Plątz zu weichen. Manchmal schiebt eins von ihnen seinen Kopf unter seinen Oberarm und stößt einen eigenartigen, zärtlichen Pfiff aus, um ärgerlich mit der Schnauze gegen Haus Brust zu stoßen, wenn die erwartete Antwort ausbleibt.

Ich habe Haus Gepäck geöffnet, um nachzusehen, was es enthält. Es ist nichts weiter in ihm als eine graugrüne, krisselige Masse, die mir im ersten Augenblick völlig fremd vorkam. Aber dann fiel mir ein, daß ich sie schon einmal gesehen hatte, und zwar in Haus Höhle auf dem Grunde des Vulkans.

Es ist das Futter für die kleinen Tiere. Hau hat von seinem ganzen Besitztum nichts mitgenommen, nur um seine ganzen Kräfte für den Transport des Futters frei zu haben.

Das Paket ist sehr schwer. Viel schwerer als meins, und es bleibt mir unklar, wie er sich damit über die schroffen Berge gebracht hat.

Ich nehme etwas von dem Futter heraus und streue es auf die Erde. Die Tiere beschnuppern es, aber sie fressen nicht davon, sondern kehren sich ab und setzen sich wieder vor Haus Lager, um ihn ruhig und aufmerksam zu betrachten.

Erst als ich ein wenig Futter auf Haus Arm lege, zupfen sie es sich vorsichtig heran und fressen es. Ja, sie fressen es sehr gierig; sie hatten wohl längere Zeit gehungert.

Als ich sehe, wie sich die Tiere über ihren Fraß stürzen, kommt mir der Gedanke, daß wohl auch Hau sehr ausgehungert ist, und dann fällt mir noch nachträglich auf, daß ich keinerlei Nahrungsmittel bei ihm gefunden habe.

Ich nehme einige von meinen Nährpillen, zerstampfe sie in einem kleinen Gefäß, tue etwas Wasser dazu und versuche, diesen Brei Hau einzuflößen.

Aber Hau ist zu erschöpft, um überhaupt noch schlucken zu können. So bleibt mir nichts anderes übrig, als den Brei noch weiter zu verdünnen und ihn dann langsam in seinen Mund rieseln zu lassen.

Es dauert lange, bis sein Instinkt sich zu regen beginnt und er langsam mit der Zunge die Flüssigkeit von seinen Lippen zu wischen anfängt.

Ich bin so müde. Ich habe keinen anderen Wunsch, als mich hinlegen zu können und zu schlafen.

Tief und traumlos zu schlafen.

Aber die Sorge um Hau hält mich auf den Beinen. Stundenlang flöße ich ihm Brei ein. Zwischendurch stopfe ich auch etwas Futter für die Tiere unter Haus Arm, und immer noch ziehen sie es sich hervor und fressen es gierig und mit lautem Schmatzen.

So vergehen die Stunden.

Im Hintergrund unserer Höhle flackert der Widerschein des Feuers über die Wand.

Ich bin eingenickt, der Topf ist mir aus der Hand gefallen und auf Haus Brust gerollt. Die Flüssigkeit läuft in einem kleinen Rinnsal auf den Boden.

Die Tiere winseln und pfeifen, und dieses Geräusch dringt seltsam verzerrt bis in meinen Traum. Es wird zum Zischen des Dampfes, den ich überall aus den Spalten der Erde qualmen sehe.

Als ich wieder zu mir komme, sehe ich, daß Hau aus der Betäubung erwacht ist und seine großen Augen auf mich gerichtet hat. Trotz der Müdigkeit und der Schmerzen in meinen Gelenken bin ich sehr glücklich.

Ich begreife, daß ich nicht mehr allein bin.

Dann schwinden mir die Sinne, und ich sinke auf dem Erdboden zusammen.

14. Ghel

Unruhig und von irgendwelchen quälenden Zweifeln geplagt, standen wir wieder draußen am Stadtrand und sahen hinüber zu dem Feuer.

Wir waren alle übermüdet, aber wir vermißten den Schlaf nicht.

Jede Stichflamme, die eine ausgefallene Form annahm oder über die übliche Begrenzung des Feuers hinausschoß, ließ die Leute aufmurren und finstere Vermutungen sowie ängstliche Prophezeiungen ausstoßen.

Das Glücksgefühl der ersten Stunden war längst verschwunden.

Chorr hatte mehrfach versucht, sich mit Tom zu unterhalten, vielleicht in dem Gefühl, daß er ihre seelische Hilfe und ihren menschlichen Trost gebrauchen könnte, aber Tom fand nicht die Muße, sich auf ihre gutgemeinten Ratschläge zu konzentrieren. Mitten in ihren Sätzen lief er fort; gab hier eine Anordnung, stellte dort eine Frage, beruhigte hüben und drüben aufgeregte Gemüter.

Schließlich gab Chorr es auf und kam zu uns.

Sie war stumm und verschlossen, nur einmal murmelte sie: »Meine Angst . . . meine furchtbare Angst . . .!«

Nach einiger Zeit spürten wir auch die ersten Winde, die in kleinen Böen dicht über den Erdboden fuhren. Mots Vorhersage schwerer Stürme schien jetzt bereits in Erfüllung zu gehen.

Der Rauchpilz, der über der Brandstelle stand, begann sich nun zu teilen, und der wallende Dampf, der in sich arbeitete, sich aufrollte und zusammenpreßte, zog langsam davon und hatte bereits einen großen Teil des östlichen Himmels ausgefüllt.

Die Sterne, die ständigen Begleiter unseres Lebens, waren hier verblaßt und von einer dicken Dampfschicht überdeckt.

Plötzlich kam Unruhe in die Menschen, die über ein weites Feld zerstreut in kleinen Gruppen beieinanderstanden.

Aber nicht irgendwelche Ereignisse an dem Brandherd waren dieses Mal die Ursachen für die Nervosität, sondern ein Mann, der langsam und müden Schrittes aus der Stadt auf den Hang zuschritt.

Ghel!

Ich muß zu meiner Schande gestehen, daß ich Ghel genauso vergessen hatte wie alle anderen.

Jetzt erst, da ich ihn sah, fiel mir ein, daß ich seit dem Besuch des abgesteckten Feldes nichts mehr von ihm gehört und gesehen hatte. Er war verschwunden, als wenn ihn die Erde verschluckt hätte.

Seine Gestalt war gebeugter als sonst, und seine Schritte waren mühsam und schleppend. Erst als er die ersten kleinen Gruppen erreicht hatte, blieb er plötzlich stehen und sah sich suchend um. Man hätte denken können, daß er nicht wußte, wo er sich befand.

Dann fiel sein Blick auf Chorr, Uhba und mich, und nach kurzem Zögern kam er schnell auf uns zu.

»Hat es denn niemand verhindern können?« sagte er mit so

verzweifelter Stimme, wie wir sie nie an ihm gehört hatten.

»Tom hatte alle auf seiner Seite«, antwortete Uhba leise.

»Alle?« fragte Ghel.

»Ja, alle«, erwiderte Uhba, »mich auch. Einzig vielleicht Ivo ist dagegen gewesen . . .«

»Nein, Ghel«, unterbrach ich Uhba, »nein, auch ich bin nicht dagegen gewesen. Wenigstens nicht so, wie es notwendig gewesen wäre. Ich habe wohl eine Abneigung gegen Toms Plan gehabt, aber ich habe mich mit Worten begnügt, wo ich durch die Tat die Menschen hätte aufrütteln müssen.«

»So hat denn also Tom seinen Willen durchgesetzt, aber wenn ich mich hier umsehe, kann ich nicht finden, daß die Menschen glücklich und froh geworden sind. Und das jetzt schon, bevor die große Veränderung überhaupt begonnen hat.«

Inzwischen hatten sich zahlreiche Leute um uns gesammelt.

»Ghel, was soll nun aus uns werden?« fragte eine ängstliche Frauenstimme.

»Ich weiß es nicht«, antwortete Ghel. »Es wird alles davon abhängen, was ihr aus euerm neuen Leben macht.«

»Oh, wenn es so ist, dann habe ich wieder Mut«, sagte Tak, dem zum erstenmal seine Spottlust vergangen zu sein schien, »denn was mich anbetrifft, so habe ich die Absicht, das Allerbeste daraus zu machen.«

»Ich hatte die Hoffnung, daß unsere Wanderung in die fremde Welt Tom nachdenklich machen würde«, sagte Ghel seufzend.

»Tom sieht doch immer nur seine Seite . . . ich habe nie die Hoffnung gehabt, daß er in seine Überlegungen auch das Gefühl einrechnen würde«, sagte Uhba zögernd.

Dann nahm sie Chorrs Hand und strich mit ruhiger Geste darüber hin, weil sie fühlte, daß ihre gegen Tom gerichteten Worte Chorr kränken mußten.

»Ich würde zu gern wissen, ob diese Welt denn nun wirklich zugrunde gegangen ist«, sagte Chorr nachdenklich.

»Sie wird zugrunde gehen, wenn sie es nicht schon ist«, sagte Ghel schroff. »Während ihr hier steht und auf etwas hofft, das nie kommen wird, vollzieht sich auf jener Welt eine so grauenhafte Auflösung, wie sie die Hölle nicht schrecklicher ausdenken kann.«

Ghel fuhr sich mit der Hand über die Augen, und seine Gestalt sank wieder zusammen. Die Hände gegen das Gesicht gepreßt, stand er laut atmend da, und alle, die um ihn herumstanden, starrten ihn an und fürchteten, ihn jeden Augenblick zusammenbrechen zu sehen.

»Noch sehe ich die fremde Welt«, murmelte der Priester leise, »noch sehe ich das rauschende Meer, die breitausladenden Bäume, die sich im Winde wiegen und kleine . . .«

Seine Stimme erstarb in dem Sausen und Brummen, das sich übermächtig in meinen Ohren erhob.

15. Verzweiflung

Uhba faßte mich bei der Hand. »Komm«, rief sie aufgeregt, »wir wollen schnell fort. Ghel will uns wieder in die seltsame Welt des Gesteins entführen, aber nach allem, was inzwischen geschehen ist, könnte ich das nicht noch einmal ertragen . . .« Sie zitterte am ganzen Körper, und ich spürte die Erregung, die sie gefangenhielt, an dem festen Griff ihrer Hand.

Ich stolperte neben ihr her, so schnell mich meine Füße nur tragen konnten. Wir wagten es nicht, uns umzudrehen, aus Angst, doch noch dem seltsamen Zauber zu verfallen.

Wir waren bald ganz außer Atem, doch wir verlangsamten unsere Schritte nicht. Hastig kletterten wir einen Hang hinauf, und erst, als wir auf der anderen Seite des Hügels wieder hinabliefen, fielen wir in ein langsameres Tempo.

Eine Weile gingen wir noch weiter, bis wir den Rand der Stadt erreicht hatten. Hier ließen wir uns erschöpft und keuchend auf eine Bank sinken, die neben dem Eingang eines Hauses stand.

»Du bist sehr ängstlich geworden, Uhba«, sagte ich zu meiner Begleiterin, als ich endlich wieder etwas zu Atem gekommen war.

»Ja, Ivo«, antwortete sie, »das bin ich. Du nicht?« Sie sah mich prüfend an.

»Ich weiß nicht«, antwortete ich kurz.

»Doch, du weißt es. Aber auch dich hat der Mut verlassen, und daher wagst du nicht, zuzugeben, wie es um dich steht. Wohin steuern wir, Ivo?«

Ich zuckte hilflos mit den Schultern. »Wer vermag das zu sagen? Wir müssen abwarten, Uhba. Das ist alles, was uns jetzt noch zu tun übrigbleibt.«

»Wenn diese Menschen, die uns Ghel neulich gezeigt hat, schon den Kampf mit dem Leben schlecht zu bestehen wissen, wie sollten wir ihn dann wohl siegreich durchfechten? Alle guten Geister haben uns verlassen, Ivo. Das macht die Dinge so schrecklich. Ich wage nicht an die kommenden Tage zu denken. Selbst Gott hat uns vergessen.«

»Gott vergißt niemanden«, antwortete ich. Es sollte ein Trost sein, aber ich merkte selbst, wie matt und wenig hoffnungsfroh meine Stimme klang.

»Doch, Ivo, Gott hat uns aufgegeben. Er hat uns aufgegeben . . . als hoffnungslos aufgegeben.

Wir greifen in Bereiche, die uns verschlossen bleiben sollen, und er wird das nicht dulden. Er wird uns zurückstoßen, und wir werden allein sein. Ich habe eine grauenhafte Angst, Ivo. Ich hätte nie gedacht, daß es etwas geben könnte, vor dem ich mich fürchten müßte.«

»Das war sehr überheblich von dir«, sagte ich, mehr um überhaupt etwas zu sagen, als um damit eine Meinung zum Ausdruck zu bringen, denn ich hatte schon längst keine Meinung mehr. Wenn ich es mir recht überlege, dann hatte ich genausoviel Angst wie Uhba – wie gut sie mich doch kannte – und war nur zu feige, mir diese Angst einzugestehen.

»Könnten wir nicht irgendwo hingehen, in die Wildnis oder in eine Höhle, wie Hau, nur um diesem allem zu entgehen«, sagte Uhba, und wieder befiel sie das Zittern.

»Die Flucht würde unser Tod sein«, antwortete ich. »Wir könnten es nur wenige Tage aushalten, dann müßten wir zurückkehren, sei es auch nur, um uns etwas zu essen zu holen. Wenn es schon nicht der Wunsch nach Geselligkeit ist, der uns an die Gemeinschaft kettet, so sind es doch auf jeden Fall die Bedürfnisse des Körpers.«

»Und wenn wir zugrunde gehen, was liegt daran«, schrie Uhba. Noch niemals hatte ich sie auch nur ein heftiges Wort sagen hören, und so erschütterten mich ihre lauten Worte mehr als das Entsetzen, das sie gepackt hatte. »Glaubst du, wenn wir bei den anderen bleiben, werden wir nicht zugrunde gehen? So aber haben wir uns wenigstens allein in diesen letzten Stunden des Untergangs.«

»Aber, Uhba«, sagte ich tadelnd, »seit wann denkst du nur an dich? Wenn das Ende wirklich kommen sollte, wird dann Ghel nicht froh sein, uns um sich zu haben . . . uns, auf die er sich verlassen kann . . ., uns, die ihm helfen werden, wenn es gilt, die Verzweiflung zu meistern?«

»Ach«, schrie Uhba, »was gehen mich die andern an. Sie wollen sich ja nicht helfen lassen, und warum soll ich mir die allerletzten Stunden vergällen mit dem nutzlosen Bemühen, ihnen – gegen ihren Willen – doch noch helfen zu wollen. Ein Beginnen, dem du selbst die

Aussichtslosigkeit nicht absprechen wirst. Ach, Ivo«, jammerte sie, »was ist aus unseren Hoffnungen geworden.«

»Hoffnungen?« fragte ich verwundert. »Hast du je Hoffnungen gehabt, Uhba?«

»Ja«, weinte Uhba, »ich habe sie gehabt. Als Tom uns seinen Plan auseinandersetzte, habe ich endlich die Erlösung vor mir gesehen. Ich hatte gehofft, daß ich mit dir nun glücklich und froh und zufrieden dahinleben könnte. Ich hoffte, wir würden Kinder haben. Wir würden sie erziehen in dem Glauben, den wir selbst haben; wir würden das Gute in ihnen fördern können und unsere Freude an ihren Fortschritten haben.«

Uhba warf sich über mich und preßte mich fest an sich. Es war das erste Mal in den langen Jahren, da wir nebeneinander hergelebt hatten, daß Uhba zu erkennen gab, wieviel ich ihr bedeutete, und diese Geste der Anschmiegsamkeit verwirrte mich sehr. Wohl wußte ich, daß sie ein tiefes Gefühl der Freundschaft für mich gefaßt hatte, aber niemals – nie, das schwöre ich – war mir der Gedanke gekommen, daß ich ihr mehr bedeuten könne als ein guter Freund. Wie hätte ich in unserem Leben der Gefangenschaft auch auf einen anderen Gedanken kommen können. Kein Wort der Zärtlichkeit und der Zuneigung konnte die Kluft überspringen, die unsere grauenhaften Masken zwischen uns aufgerissen hatten. Allerdings hatte sie gelegentlich, namentlich in letzter Zeit, gesagt, daß sie glücklich wäre, wenn sie mit mir zusammenleben könne, zusammenleben, wie die Menschen auf anderen Sternen zusammenleben und wie unsere Voreltern zusammengelebt hatten; aber ich hatte diese Aussprüche nur als eine Art Stoßseufzer genommen, weil ich wußte, daß sie unmöglich zu erfüllen waren, und weil ich spürte, daß auch Uhba diese Unmöglichkeit kannte. Und nun, als die Verzweiflung der Stunde alles hinwegspülte, nun lag sie weinend mit ihrem Kopf in meinem Schoß, und ich sah auf sie nieder, genauso verzweifelt wie sie selbst und genauso hilflos.

Ich strich mit meinen Fingern langsam über ihren Kopf.

Nein, ich strich nicht über ihren Kopf, ich strich über die Hülle, unter der ihr Kopf verborgen lag, und es war genauso, als wenn ich ein steinernes Standbild gestreichelt hätte. Es gab ein schabendes Geräusch, als sich die beiden Häute ihres Kopfes und meiner Hand aneinanderrieben, und dieses Geräusch war so boshaft häßlich, daß ich mit mir zu kämpfen hatte, um nicht selbst in Tränen auszubrechen.

»Nie, nie, nie«, seufzte Uhba, »wird das in Erfüllung gehen, was ich mir für uns gewünscht habe, Ivo. Ich weiß es ganz genau, daß Toms großem Plan kein Erfolg beschieden sein wird; ja, ich weiß, daß nachher alles noch viel schlimmer und unerträglicher sein wird, als es jetzt schon war.«

Uhba richtete sich hoch und preßte ihren Kopf fest gegen meine Schläfe. Wir waren jetzt ganz dicht beieinander, dichter als je zuvor in unserem Dasein, aber nichts war zu spüren von dem Leben, das hinter der Maske, die mir Uhba verbarg, pulste.

»Es wäre schön«, sagte sie nachdenklich, »wenn wir sterben würden, bevor das Ende beginnt. Aber du hast recht, wir können Ghel nicht allein lassen.« Sie drehte sich zur Seite, nahm meinen Kopf in ihre beiden Hände und starrte mich, ihr Gesicht fest gegen mein Gesicht gepreßt, an. Es war der Wunsch, endlich einmal mehr von mir zu sehen, als das Schicksal uns zu sehen gestattete, aber es war ein vergeblicher Wunsch.

Nur ihre Augen sah ich jetzt ganz deutlich vor mir. Sie waren grünlich, und in dem Weißen, das die Iris umgab, lagen kleine, rote Äderchen. Es war Blut, das da leuchtete, Uhbas Blut.

»Ich sehe deine Augen«, sagte Uhba, »ich sehe sie leuchten, ich sehe viel darin, Ivo, wie schade, daß ich das nicht schon früher einmal getan habe, aber wahrscheinlich hättest du es nicht geduldet und mich zurückgestoßen. Und du hättest recht gehabt: es wäre lächerlich gewesen.«

»Und was siehst du?« fragte ich.

»Ich sehe Güte und Klugheit und Geduld.«

»Die nun bestimmt nicht«, sagte ich lachend. Ich war froh, etwas gefunden zu haben, um Uhba von ihren bedrückenden Gedanken abzulenken. Aber leider ließ sie sich nicht ablenken.

»Doch«, sagte sie, »ich sehe auch Geduld, sehr viel Geduld. Aber du hattest bisher wenig Gelegenheit, sie zu üben.«

»Hier also seid ihr«, sagte plötzlich eine Stimme neben uns.

Es war Chorr.

Ich zuckte zusammen, denn es war mir peinlich, daß sie uns gerade in dem Augenblick gefunden hatte, als wir uns gegenseitig in die Augen sahen; aber Uhba nahm es seltsamerweise sehr gelassen hin. Nur zögernd ließen ihre Hände meinen Kopf los, und sehr langsam drehte sie sich der Freundin zu.

Chorr hatte sich auf die Bank sinken lassen.

»Nun?« fragte Uhba neugierig. »Was hat es gegeben?«

Es war wieder der alte Uhba-Ton, mit dem sie gesprochen hatte, und das verwunderte mich so sehr, daß ich sie erstaunt ansah.

Natürlich konnte ich nichts feststellen, zu dumm, daß ich das wieder vergessen hatte, aber Uhbas schnelle Wandlung erschien mir doch überaus verblüffend. Ich hätte zu gern gewußt, was in diesem Augenblick in ihr vorging, und ich ertappte mich bei dem Wunsch, daß Toms Vorhaben, uns unserer Masken zu entledigen, schon gelungen sein möge, obwohl ich eben noch Angst gerade vor diesem Vorhaben gehabt hatte.

Welch wankelmütiges Wesen ist doch der Mensch.

»Was es gegeben hat?« fragte Chorr. »Wir haben eben wieder einen Blick in die Zukunft geworfen. Ghel hat uns noch einmal die Welt gezeigt, in der wir neulich spazierengegangen sind. Es war grauenhaft.« Chorr beugte sich vor und stützte ihren Kopf in die Hände.

»Ah«, sagte Uhba und sah mich an. Sie wollte mir mit diesem Blick wohl sagen: Siehst du, wie klug es von uns war, das nicht mehr mitzumachen, da sich nun ja doch nichts mehr ändern läßt. Da Chorr nicht weitergesprochen hatte, legte Uhba ihren Arm um die Schulter der Freundin und fragte: »Und was hat Ghel euch gezeigt?«

»O Uhba«, stöhnte Chorr, »erlaß mir die Schilderung der gräßlichen Ereignisse, die sich dort abgespielt haben. Sie zerstören die Dinge, von denen sie leben, weil sie nichts mit ihnen anzufangen wissen.«

»Nun, das sind eben Menschen, die satt vom Glück sind«, sagte ich, um Chorr zu beruhigen, aber sie richtete sich hoch und starrte mich an.

»Nein«, antwortete sie erregt, »das ist es nicht. Sie sind unglücklich, weil die Dinge mächtiger geworden sind als sie.«

»Und wenn, was geht das uns an. Sie sind andere Menschen und leben ein anderes Leben.«

»Es gibt nur ein Leben«, erwiderte Chorr sehr scharf. »Das solltest gerade du am besten wissen, Ivo. Auch bei uns werden die Dinge mächtiger werden als wir, und wir werden dann ihren Launen hilflos ausgeliefert sein. Sie werden gegen uns aufstehen und mit uns spielen, und wir werden schreiend davonzulaufen versuchen, aber es wird uns nichts nützen. Sie werden uns überholen und uns zermalmen.«

Wenn Chorr jemals in ihrem Leben ein kluges, wahres Wort gesprochen hatte, dann war es dieses Wort, das sollte keiner deutlicher erfahren als ich. Diese Höhle ist eine der Etappen auf meiner Flucht, und die Flammen sind die Dinge, denen ich davonzulaufen versuche und die mich dennoch einholen werden. Jetzt . . . jetzt wird es nur noch eine Frage weniger Tage sein, bis sie mich erreicht haben.

Chorr schwieg eine Weile, aber dann sagte sie etwas, das mir das kalte Entsetzen über die Haut trieb. »Tom hat uns dem Tode ausgeliefert«, sagte sie. Es war eine furchtbare Anklage, doppelt furchtbar, weil sie aus diesem Munde kam und von einem Menschen, der, vertrauend wie kein zweiter unserer Gemeinschaft, an Toms Pläne geglaubt und an seinen Worten gehangen hatte.

»Du bist entsetzt von dem schrecklichen Bild, das euch Ghel gezeigt hat«, sagte Uhba zärtlich. »Vielleicht wäre es klüger gewesen, wenn du mit uns davongegangen wärst.«

»Ach«, antwortete Chorr, »das alles ist es ja nicht. Jeder kann sich irren, und manche dieser Irrtümer kosten Opfer. Aber Tom glaubt, daß er ein Gott ist. Er denkt, seine Wünsche und Hoffnungen sind Befehle für die Dinge, mit denen er hantiert. Er ahnt nicht, wie furchtbar die Dinge mit ihm spielen und wie sie nur auf der Lauer liegen, um ihm hundertfältig zurückzuzahlen, was er ihnen antut. Wenn ich dieses entsetzliche Feuer, das er angezündet hat, löschen könnte, ich würde gern mein Leben dafür hergeben.«

»Sollten wir nicht erst abwarten, was nun weiter geschieht, bevor wir uns der Verzweiflung überlassen?« sagte ich. »Ist es nicht unsere begreifliche Aufregung, die uns jetzt alles schlimmer sehen läßt, als es tatsächlich ist?«

»Nein«, widersprach Chorr, und ihre Stimme wurde immer härter und unwilliger. »Ich fühle es, daß hinter diesem Feuer etwas Unheimliches, Bedrohliches kauert, bereit, uns alle zu verschlingen. Ich weiß nicht, was es ist und wie es sich äußern wird; aber ich weiß, daß es da ist. Es mag noch Tage dauern oder Wochen, bis es alle spüren, aber die Stunde wird kommen, da jeder Tom und sein Werk verfluchen wird. Diesen Tom, den ich so bewunderte und dem alle meine Gedanken und mein ganzer Glaube gegolten haben. Die unglücklichen Menschen in jener fernen Stadt haben auch an ihren Werken gehangen, aber all ihre Liebe hat sie dann doch nicht gehindert, das wieder zu zerstören, was sie mit so viel Liebe und so unendlicher Geduld geschaffen haben. Es ist etwas Schreckliches um die Dinge. Unseren Köpfen und Händen entsprungen, beginnen sie auf eine unheimliche Weise ein eigenes Leben zu führen und der Macht zu entgleiten, die wir über sie zu haben glauben. Dieses Eigenleben, das sie führen, macht uns zu ihren Sklaven, und hier – glaubt es mir – hier lauern Tod und Untergang und Schlimmeres als dies.«

Ich habe Chorr immer für eine sehr kluge und nachdenkliche Frau gehalten, und ich glaube, ich habe es auch schon gesagt. Und eben weil ich sie für klug hielt, konnte ich nie recht verstehen, warum sie sich zu Tom so hingezogen fühlte. Aber jetzt, bei ihren anklägerischen Worten, begriff ich das plötzlich. Ja, jetzt verstand ich ihr Wesen. Die Pläne und Ideen, die dieser geniale Kopf in ununterbrochener Folge produzierte, hatten sie begeistert. Sie bewunderte das Genie, das aus ihnen sprach. Sie liebte die Ideen, weil sie ein Zeichen eines hohen Verstandes waren. Vor ihren Ausführungen dagegen hatte sie Angst, weil sich in ihnen die menschliche Schwäche den Dingen gegenüber und die Unfertigkeiten des menschlichen Charakters äußerten. Es war Chorr, die mir in dieser letzten Stunde die beste Lehre über die Tragik des Menschen gab.

Wir sind zu leicht geneigt, die Idee zu überschätzen und einen Plan als etwas Übergeordnetes vor die Durchführung zu setzen. Aber die Menschheit scheitert, weil ihre Unzulänglichkeit den hohen Plänen die vollkommene Ausführung versagt. Hier klafft eine Lücke, und über diese Lücke versteht sie nicht zu springen. Wir begeistern uns zu sehr an unseren Wünschen, als daß ihre Realisierung uns noch zufriedenstellen könnte. Wir sehen das Erhoffte mit all seinen hohen Zielen, denn unserem Verstand sind so gut wie keine Grenzen gesetzt. Aber die Füße und Hände kleben an der Erde und werden von der Schwere des Daseins niedergezogen. Unsere Gedanken schweben zu hoch über uns, als daß die ausgestreckten Hände sie noch berühren könnten.

»Komm«, sagte Uhba zu Chorr, »wir wollen ein wenig spazierengehen, das wird dich auf andere Gedanken bringen.«

»Nein«, erwiderte Chorr, »nichts wird mich auf andere Gedanken bringen, denn wo wir auch hingehen, meine Gedanken werden immer bei mir sein, ich werde . . .«

Sie brach ab, denn Tom stand plötzlich vor uns.

Wir hatten ihn nicht kommen hören, und es war mir nicht klar, ob er den Schluß unserer aufgeregten Unterhaltung mitangehört hatte.

War das der Fall, dann wußte er sich gut zu beherrschen, oder er war so sehr von dem glücklichen Ausgang seines Projekts überzeugt, daß nichts ihn in dieser guten Meinung wankend machen konnte.

»Hallo«, sagte er nämlich mit einer ganz ungewohnten frischen und heiteren Stimme, »unser Vorhaben nähert sich dem Ende, und ihr sitzt da und starrt vor euch hin. Auf, auf, die Stunde der Erfüllung naht. Bald werden wir wieder Menschen sein, und ein neues Leben wird unseren ermatteten Geistern neuen Auftrieb geben.«

Er brach in ein lautes Lachen aus und rieb sich zufrieden die Hände. Die Häute seiner Maske gaben ein häßliches, schabendes Geräusch, und sofort fiel mir wieder der Augenblick ein, da Uhba neben mir gehockt hatte, ihren Kopf zitternd in meinen Schoß gedrückt.

In dieser Sekunde haßte ich Tom und wünschte, er wäre unter den Toten, die unsere kleine Gemeinschaft bereits verlassen hatten . . .

Das Feuer (Ivos Flucht)

»Was schreibst du da?« fragt Hau mit leiser, ermatteter Stimme.

Ich lege den Schreibstift aus der Hand, klappe das Buch, in dem ich geschrieben habe, zu, lege es auf die Erde und trete zu seinem Lager.

»Ich beschreibe den Untergang unserer Welt«, sage ich.

»Und was versprichst du dir davon?«

»Ich weiß es nicht. Vielleicht tue ich es nur, um mich von den bedrückenden Gedanken abzulenken. Vielleicht ist es aber auch etwas anderes, das mir die Feder in die Hand gedrückt hat. Ich weiß es nicht. Ich weiß nur, daß mich eine bohrende Unruhe erfüllt, mir alles, was unsere letzten Tage so schrecklich und so furchtbar machte, von der Seele zu schreiben.«

»Wir haben eine große Gelegenheit nutzlos vertan«, sagt Hau. Er hebt matt die Hand und läßt sie gleichgültig wieder auf sein Lager zurückfallen.

»Wie geht es dir?« frage ich ihn. »Fühlst du dich bald kräftig genug, wieder aufzustehen und mit mir weiterzuziehen?«

»Ich werde nie wieder aufstehen.«

»Bist du so schwach?«

»Es ist nicht die Schwäche allein. Ich habe auch nicht den Willen, noch einmal aufzustehen. Warum auch. Was auch kommt und was auch geschieht . . . unsere Welt ist am Ende. Müßig, darüber zu klagen, aber genauso müßig, dagegen zu revoltieren.«

»Sicher wäre vieles anders gekommen, wenn Ghel und du und ich und vielleicht noch ein paar andere Beherzte sich mit aller Macht rechtzeitig gegen Toms verwegenen Plan gestemmt hätten . . .«

Hau schüttelt den Kopf.

»Nichts wäre anders gekommen«, sagt er. »Die Menschen sehen das Glück nicht in ihren Herzen, sondern in ihrem Wohlergehen. Wer ihnen etwas verspricht, hat sie immer auf ihrer Seite. Eine Hoffnung, die leichtfertig geweckt wird, ist immer stärker als die Stimme der Vernunft.«

»Es wäre unsere Aufgabe gewesen, diese Stimme der Vernunft zu wecken.«

»Wie konnten wir das? Die Vernunft ist etwas Abstraktes, etwas, das man nicht sehen, nicht greifen, nicht schmecken, nicht riechen kann. Was Tom ihnen versprach, war aber etwas sehr Konkretes. Sie konnten es sich vorstellen, sie konnten es im Geiste vor sich sehen, sie konnten sich danach sehnen. Nein, Ivo, in diesem Kampf waren die Waffen zu ungleich verteilt, als daß wir Aussicht auf einen Erfolg hätten haben können . . .«

»Und doch glaube ich, der Fehler liegt bei uns.«

»Nein«, schreit Hau, sich mühsam auf seinem Lager aufrichtend, »er liegt nicht bei uns. Er liegt daran, daß jahrtausendelang in den Menschen immer wieder die Begierde und der Besitzeswunsch und die Habgier und der Neid geweckt worden sind. Wenn man ihnen etwas schenkt, macht man sie nur unglücklich, weil ihnen das Geschenk nichts nutzt, sondern durch die Erweckung neuer Gelüste nur schadet. Toms Plan wäre ausgezeichnet gewesen, wenn er ihn so gestaltet hätte, daß er den Menschen die Zeit gegeben hätte, sich langsam in die neuen Verhältnisse einzuleben. Das hätte zwar fünf oder zehn oder zwanzig Generationen gedauert, aber die hätten das neue Leben dann als etwas Alltägliches empfunden. Der Durchschnittsmensch wird immer nur mit dem Alltäglichen fertig. Alles Außergewöhnliche läßt ihn verzweifeln oder gierig werden. Der Fortschritt der Menschen vollzog sich aber immer in kurzfristigen Eruptionen, und die haben verhindert, daß die Menschen in Ruhe verdauen konnten, was ihnen die Genies in rascher, endloser Folge vor die Füße warfen.«

»Du meinst also, wir hätten weniger erfinden sollen?« fragte ich.

»Genau das. Wenig erfinden, aber das Erfundene langsam ausreifen und in die Tiefe dringen lassen. Das gibt Ruhe, und nur in der Ruhe kann sich das Glück (wenn wir dieses alte, jetzt schon reichlich abgedroschen klingende Wort einmal verwenden wollen) entwickeln und halten. Hast gibt Unruhe und Nervosität, und die sind der Untergang aller Zufriedenheit.«

Plötzlich überkommt mich der Wunsch, Hau um Entschuldigung über die schlechte Meinung, die wir von ihm gehabt haben, zu bitten. Nicht nur in meinem Namen, sondern im Namen der vielen Menschen, die nun tot sind und von denen keiner je anders als voller Spott und Verachtung von ihm gesprochen hat.

»Du hast recht«, sage ich daher. Ich lasse mich neben seinem Lager auf die Erde sinken und nehme seine Hände zwischen meine Finger.

»Wir haben dich nie verstanden. Wir haben dich stets für überspannt gehalten . . .«

»Für verrückt«, sagt Hau, mir ins Wort fallend. »Aber das hat mich nie bedrückt oder gekränkt. Wie hätte es denn auch anders sein können. In einer Gemeinschaft, in der jeder nur seine Wünsche hat und seine Tage von morgens bis abends nur in der Erwartung der Erfüllung dieser Wünsche verbringt, kann ein Mensch, der keine Wünsche hat, nicht als normal gelten. Ich hätte mich darüber ärgern können, aber dann wäre ich selbst ja auch nicht wunschlos gewesen, selbst wenn ich nur den Wunsch gehabt hätte, diese Einstellung geändert zu sehen. So habe ich darüber nur gelächelt und die armen Unglücklichen bedauert, die vor lauter Wünschen nicht zum Genuß des Vorhandenen gekommen sind. Es ist mir nicht schlechter dabei gegangen.«

»Würdest du mir eine Frage beantworten, Hau? Offen und ehrlich beantworten?«

»Warum nicht? Ich glaube, ich habe immer alle Fragen offen und ehrlich beantwortet, selbst wenn die anderen sie mir übelgenommen haben. Aber ich hatte ja keine Rücksichten zu nehmen. Rücksicht nehmen muß der, der abhängig ist, und abhängig, damit schließt sich der Kreis unserer Betrachtungen, ist der, der etwas erwartet. Du siehst also, daß die Erfüllungsgier auch zur Unaufrichtigkeit erzieht. Zur Unaufrichtigkeit gegenüber den Menschen, von denen wir abhängig sind. Toms Verhalten ist ein treffliches Beispiel dafür. Solange er von uns abhängig war – denn ohne unsere Hilfe hätte er seinen Plan nicht durchführen können –, solange hat er uns heuchlerische Versprechungen gemacht. Als er aber von uns alles erreicht hatte, was er wollte, gab es für ihn nichts als die brutale Durchsetzung seines Planes ohne jede Rücksicht auf Vernunft und menschliches Verstehen. Aber du wolltest mich etwas fragen . . .«

»Ja. Es hängt mit dem zusammen, was du mir eben gesagt hast und ist von dir jetzt auch schon teilweise beantwortet. Dies aber ist die Frage: Wenn du plötzlich als Herrscher über ein Land gesetzt werden würdest, was würdest du tun, um die Menschen glücklich und zufrieden zu machen?«

Hau schweigt eine Weile und sieht hinüber zu dem flackernden Widerschein der Flammen auf dem Hintergrund der Wand.

Dann wandert sein Blick langsam zurück und bleibt schließlich an meinem Gesicht haften. Lange, lange sieht er mich an, aber mir ist, als wenn sein Blick durch mich hindurchgeht und in einer anderen, fernen

Welt ruht.

Er läßt seine linke Hand auf die Erde hängen und tätschelt damit die kleinen Tiere, die sich schnurrend und pfeifend unter dieser Geste der Zärtlichkeit zusammenducken und mit ihren behaarten Pfoten spielerisch über die glatte, graue Hülle seines Handgelenks fahren.

So vergehen Minuten, und mir tut schon die Frage leid, die ich gestellt habe. Vielleicht habe ich damit ein Gebiet angeschnitten, über das Hau nicht gerne spricht.

»Ich würde einen solchen Auftrag nur annehmen«, sagt er schließlich, »wenn mein Staat zunächst nur aus Kindern besteht, denn bei der Erziehung der Kinder müßte die Wandlung bereits einsetzen. Stolz, Ehrgeiz, Kraftprotzerei, Habgier, das alles würde ich ausmerzen. Mit Kindern, die solcherart erzogen wurden, könnte man dann vielleicht versuchen, eine neue Welt aufzubauen.«

»Und was würdest du für das Wichtigste in dieser Welt halten?«

»Die völlige Unterdrückung von Stolz und Ehrgeiz, denn hier ruht der Keim allen Übels.«

»Hast du dir bereits den Kopf zerbrochen, wie das erreicht werden könnte?«

»Ja. Ich würde verhindern, daß eine Erfindung, die gemacht worden ist (soweit sie nicht das Allgemeinwohl betrifft), schon zu Lebzeiten des Erfinders eingeführt wird.«

»Und was versprichst du dir davon?«

»Ruhe und Zufriedenheit, Ivo. Denn niemand wird dann noch etwas schaffen aus Gier oder um seinem Ehrgeiz zu frönen, da er selbst ja den Ruhm seiner Erfindung oder seiner Werke nicht mehr erntet. Wer trotzdem etwas schafft, tut es aus humanitären Gründen und wird daher keine Komplikationen heraufbeschwören.«

»Aber wie willst du deine Menschen ernähren, wenn sie nicht in den Ertrag ihrer Arbeit kommen können?« fragte ich, denn Haus Plan erscheint mir recht phantasievoll und paßt gar nicht zu seinen übrigen klugen Worten.

»Zunächst einmal trifft das, was ich eben sagte, nur auf die Ideenschöpfer zu. Und hier tut eine Bremse not, denn im modernen Leben ist die Idee immer zu hoch und die Arbeit stets zu gering bewertet worden. Auch hier darf ich dich an Tom erinnern. Diese Leute, die mit den Ideen handeln, müssen daher besonders knapp gehalten werden. Was aber die Bezahlung anbetrifft, so ist die nur im Anfang schwierig, späteren Geschlechtern steht dann ja der Ertrag aus der Arbeit der Vorfahren zur Verfügung.«

Ich lache plötzlich hell auf. Es ist mir unmöglich, noch länger ernst zu bleiben.

Die Menschen hatten wohl doch recht. Jetzt kann ich es auch nicht übersehen, daß bei Hau eine Schraube locker sein muß.

Aber Hau schien dieses Lachen nicht übelzunehmen, im Gegenteil, er nickt mir wohlwollend zu.

»Verzeih mir, Hau«, sage ich daher verwirrt, »aber es scheint mir so absurd, was wir da eben dahingeredet haben . . .«

»Natürlich«, antwortet der Kranke, »alle Gedanken, die sich mit dem Glück der Menschen befassen, wirken absurd; denn es ist noch niemandem gelungen, in dieser Beziehung etwas zu erreichen, und Pläne, die sich mit dem Unerreichbaren befassen, klingen immer absurd . . .«

16. Die Befreiung

Drei Tage nach der Schmelzung des Gesteins war es so warm geworden, daß wir daran denken konnten, endlich unsere Hüllen abzulegen. Wir hatten die Zeit dazu benutzt, uns Gewänder anzufertigen, denn obwohl die Temperatur gestiegen war, war es natürlich immer noch verhältnismäßig kalt.

Tom und Mot hatten in mühseliger Arbeit aus einer Art Glasfluß ein stoffähnliches Material hergestellt, das leicht, geschmeidig und biegsam war und so ziemlich alle Anforderungen erfüllte, die man an einen Bekleidungsstoff stellen mußte.

Unter Anleitung von Tak, der das meiste künstlerische Empfinden von uns allen besaß, hatten wir uns dann Gewänder angefertigt, die zwar nicht sonderlich schön, aber praktisch und bequem waren. Manche zogen sie über ihre Hüllen und stolzierten damit stundenlang herum. Stolz auf ihr Werk und der Stunde entgegenharrend, da sie sie zum erstenmal über die nackten Leiber streifen würden.

In diesen Stunden waren viele noch einmal recht glücklich. Sie vergaßen die dräuenden Gedanken, die sie bedrängt hatten, und lachten vor Übermut und Sehnsucht nach dem Glück, das jetzt – so glaubten sie wieder einmal – unmittelbar vor ihnen lag.

Tom war vor das Haus gegangen und hatte die Temperatur geprüft. Jetzt kam er wieder herein, aufgeregt, frisch und von bemerkenswerter Nervosität erfüllt.

»Es ist warm genug, wir können die Hüllen aufschneiden und die

Gewänder anlegen«, sagte er heiser.

Wir sprangen alle auf und umdrängten ihn.

»Wie sollen wir es tun?« fragte eine Frau, sich rücksichtslos in die erste Reihe zwängend.

»Ich schlage vor, daß sich immer ein paar Freunde zusammentun, um sich gegenseitig Hilfe zu leisten.«

Dann wandte sich Tom an mich.

»Willst du Chorr und mir behilflich sein?« fragte er.

»Gern«, sagte ich, »wenn Uhba mitkommen kann.«

»Natürlich«, erwiderte Tom. »Es ist eine große Stunde, und man möchte daher den Menschen um sich haben, den man am meisten schätzt.«

Wir drängten uns durch die Menschenmenge und schritten langsam in die erste Etage hinauf.

Unsere Gewänder hatten wir über dem Arm.

Unsere Beine zitterten, während wir langsam die Stufen hinaufgingen.

Es war zweifellos eine feierliche Stunde, die feierlichste in unserem ganzen Leben. Wir sollten als erwachsene Menschen in eine neue Welt eindringen, in eine Welt, von der niemand wußte, wie sie uns aufnehmen würde.

Wir betraten das von Tom ausgewählte Zimmer und legten unsere Gewänder auf den Tisch.

Tom hatte ein kleines Stahlmesser, dessen Schneide in dem dämmerigen Licht des fernen Feuerscheines funkelte, ergriffen. Nachdenklich starrte er darauf nieder.

»Komm, Chorr«, murmelte er so leise, daß er kaum zu verstehen war, »du sollst die erste sein.«

Tom trat hinter die Frau und setzte das Messer auf ihrem Kopf an.

Er zitterte. Dreimal mußte er wieder absetzen, bis er sich soweit beruhigt hatte, daß er den ersten Schnitt führen konnte.

»Hebe bitte die Arme hoch, Chorr«, sagte er, während er mit dem Messer langsam über ihren Rücken fuhr.

Unter der Schneide klaffte die Hülle, die so lange unser Gefängnis gewesen war, sofort auseinander, und die Haut sah weiß schimmernd hervor.

Dann ging Tom um Chorr herum und führte einen zweiten Schnitt vom Kopf über das Gesicht bis zu den Beinen. Mit einem schnellen Griff faßte er die Hülle und streifte sie flink links und rechts von Chorrs Körper.

Nackt und bloß stand jetzt die Frau vor uns. Sie bückte sich, um das lebenslängliche Gewand auch von ihren Füßen zu streifen.

In dem Widerschein des Feuers sah ihre Haut rosig und über alle Maßen unnatürlich aus.

Die Wimpern beschatteten ihre Augen, die groß und staunend auf uns gerichtet waren.

Ihre Brüste zitterten unter dem stoßweisen Atem, und ein leichter Schauer lief über ihre Gestalt.

»Komm«, murmelte Tom, ihr erregt das Gewand hinhaltend, »zieh das schnell über, denn es ist noch immer zu kalt, um unbekleidet herumstehen zu können.«

Chorr nahm das Gewand und zog es an.

Dann ging sie zu einem Stuhl und sank darauf nieder.

Ich ergriff das Messer, das Tom aus der Hand gelegt hatte, und begann damit Uhba aus ihrer Hülle zu befreien.

»Es ist entsetzlich«, flüsterte mir Uhba zu, während ich die richtige Stelle für den ersten Schnitt suchte.

»Was ist furchtbar?« fragte ich leise zurück.

»Ist dir nicht aufgefallen, wie fremd sie ist. Ist das wirklich Chorr?«

Ich mußte Uhba recht geben.

Man kann nicht ein Leben lang auf eine graugrüne Puppe starren und erwarten, gleich gut Freund mit dem Wesen zu sein, das sich eines Tages aus dieser Puppe herausschält.

Ich hatte einige Schwierigkeit, Uhba zu befreien, denn mir fehlte Toms Geschicklichkeit in allen manuellen Dingen. Aber von Tom unterstützt, gelang es mir schließlich nach einigen vergeblichen und ungeschickten Schnitten, von denen einer Uhba sogar an der Schulter verletzt hatte.

Ein dünner, roter Faden rieselte über Uhbas weiße Haut. Sie griff mit der Hand danach und strich mit den Fingern langsam über die Wunde.

Es war das erste Blut, das wir sahen, und ein leichter Schauder befiel uns, als wir den Lebenssaft, den jeder von uns schon in sich pulsen gefühlt hatte, nun auch erblickten.

Uhba sah mich an und verzog ihr Gesicht auf eine seltsame Weise. Es war eine unheimliche Grimasse: unheimlich und häßlich zugleich.

»Schmerzt es sehr?« fragte ich beklommen.

»Nein . . . gar nicht. Wie kommst du denn darauf, daß dieser kleine Ritsch schmerzen könnte?«

»Du hast dein Gesicht so verzogen«, sagte ich. »Ich dachte, es wäre vor Schmerz.«

»Schmerz? Nein!« wiederholte Uhba noch einmal. »Wenn ich mein Gesicht verzogen habe, dann geschah es aus irgendeinem Gefühl der Zuneigung zu dir, Ivo. Als ich das Blut auf dem Rücken fühlte, war ich dir plötzlich so nah . . .«

Chorr und ich sahen uns entsetzt an. (Daß die weit aufgerissenen Augen und der klaffende Mund Chorrs Entsetzen bedeuteten, habe ich allerdings erst später mit Gewißheit begriffen, im Augenblick erschütterte mich auch diese plötzliche Wandlung ihres Gesichts, die ich mir nicht zu deuten wußte, sehr.)

Auf jeden Fall hatten wir beide – Chorr und ich – in diesem Augenblick den gleichen Gedanken.

Diese entsetzliche Verrenkung der Gesichtszüge, dieser Krampf, der sich so furchteinflößend über die Wangen, den Mund und die Augen legte, diese Entblößung des Gebisses, ähnlich der, mit der die Künstler früherer Epochen das wütende Knurren gereizter, zorniger Tiere darzustellen pflegten, diese so abgrundhäßliche Grimasse sollte ein Gefühl von Zuneigung darstellen?

Du lieber Himmel. Welche schrecklichen Dinge standen uns noch bevor? Alle Ängste, von der feierlichen Erwartung der festlichen Stunde etwas in den Hintergrund gedrängt, stürmten plötzlich mit vermehrter Wucht auf uns ein.

Ich hüllte Uhba in ihr Gewand, und dann schnitten Tom und ich flink gegenseitig unsere Hüllen auf.

Die beiden Frauen verfolgten unser Tun mit weit aufgerissenen Augen. Uhba hatte sich neben Chorr gesetzt und ihren Arm um die Schulter der Freundin gelegt.

Als wir beide, ebenfalls in die neuen Kleider gehüllt, vor ihnen standen, senkte sich zunächst ein großes Schweigen über den Raum. Wir, gute Bekannte seit den ersten Tagen des Erinnerns, waren uns plötzlich unsagbar fremd geworden.

Nach Jahren des Sehnens endlich der Einsamkeit entflohen, fanden wir uns jetzt tiefer in die Einsamkeit zurückgestoßen als je zuvor.

Es waren die Gesichter, die uns nicht zueinanderfinden ließen.

Diese Gesichter, in denen etwas zu lauern schien, das wir nicht deuten und nicht fassen konnten. In einen Abgrund irrer Gefühle gesunken, begriffen wir plötzlich, daß nicht das der Mensch ist, was vor uns steht, sondern das, was hinter seiner Stirn verborgen liegt.

Ja, der Mensch, das ist nicht die Erscheinung . . . das ist die Seele. Und von dieser Seele hatten wir bisher nichts gespürt.

Jetzt aber war sie plötzlich aufgestanden. Sie stand vor uns, selbstherrlich, eigensinnig und geheimnisvoll.

Und wir, wir wußten nichts damit anzufangen.

Ich folgte Chorrs verwirrtem Blick zu Tom hinüber.

Jetzt erst sah ich das Gesicht dieses Menschen, der der Schöpfer dieser unserer außergewöhnlichen Lage war.

Kein Zweifel: Daß wir jetzt so voreinanderstanden, trotz unserer Gewänder bis in die tiefsten Klüfte der Körper entblößt, das war sein Werk. Sein Werk und keines anderen.

Ich sah . . . nein, ich sah nichts.

Ich begann zu deuten. Ungeschickt und unbeholfen, denn mir fehlte ja die Erfahrung, begann ich den Ausdruck dieses Gesichts zu deuten.

Ich spürte etwas darin, das mir so sehr mißfiel, daß sich im Augenblick die mehr instinkthafte, fast etwas gutmütige Ablehnung, die ich bisher ihm gegenüber empfand, in etwas verwandelte, das von Haß und Verachtung nicht mehr sehr weit entfernt war.

Ja!

Aus diesem Gesicht, so schien es mir wenigstens (ich bin ja noch ein Kind in der Deutung des Menschen, ich muß ja noch lernen, aber vielleicht habe ich dafür etwas von dem primitiven Instinkt eines einfachen Wesens, der diesen Fehler wettmacht), aus diesem Gesicht sprach ein so unqualifizierbarer menschlicher Stolz, daß ich erschrak und unwillkürlich einen Schritt zurücktrat.

So mag nach einem Kampf der Sieger aussehen, wenn er seinen Gegner in den Staub getreten und zerfetzt hat.

Es war das ungute Leuchten der Macht des Stärkeren.

Es war die Glut gewordene Überheblichkeit.

Aber es sprachen auch Gier und Herzlosigkeit und Eigensinn aus den Linien dieses Gesichts.

In ihm glomm der Wille.

Der Wille . . . und nichts als der Wille.

Oh, es war entsetzlich.

Tom sah uns der Reihe nach an.

»Ich bin so glücklich, daß ich euch alle jetzt hier endlich vor mir sehe«, sagte er leise.

Der Ton seiner Stimme klang lieb und mild. Er war behutsam und von einer bei ihm ungewohnten Zartheit.

Das ist ein guter Mensch, sagte mir mein Ohr.

Aber mein Auge schauderte vor dem verräterischen Glanz in seinen Augen.

Dieser Glanz war nicht lieb und mild und behutsam.

Er war herrschsüchtig und überheblich.

Er war beängstigend.

Er war tierisch roh.

Ich blickte schnell hinüber zu Chorr, die noch immer auf dem Stuhl saß und auf Tom starrte.

Ihre Hand, die sie gegen die Tischkante gedrückt hatte, zitterte.

Sie zitterte so stark, daß der Tisch ununterbrochen auf dem Boden weiterrutschte, was ein häßliches, scharrendes Geräusch verursachte.

Langsam kam Tom auf sie zu.

»Chorr«, sagte er mit einer Stimme, die gierig klang, während in sein Gesicht eine verbissene Wut trat, die mich fürchten ließ, er könnte jeden Augenblick Chorr ein Leid antun.

Die Frau erhob sich wie unter einem fremden Zwang und wich langsam vor ihm zurück.

»Chorr«, fuhr Tom fort, »bist du froh, daß du diese große Stunde mit mir zusammen erleben konntest?«

Chorr antwortete nicht, sondern wich immer weiter vor Tom zurück, bis sie mit dem Rücken gegen die Wand stieß.

Die rötliche Farbe ihres Gesichts verblaßte, und eine kalkigweiße Blässe meißelte plötzlich viele scharfe Falten aus der Glätte ihres Fleisches.

»Chorr, Liebste. Mir scheint, du bist noch immer verwirrt. Willst du dich erst ein wenig niederlegen, bevor wir hinausgehen zu den anderen?«

Chorr antwortete noch immer nicht.

Ihre Gesichtsfarbe war jetzt weißer geworden als der Anstrich der Decke des Zimmers. Auf ihrer Haut zeigten sich kleine, glitzernde Schweißtropfen, die mitten durch kleine Kanäle direkt aus dem Fleisch zu kommen schienen.

Tom blieb stehen und starrte hilflos die Frau an.

»Was hast du nur?« fragte er verständnislos.

Chorr schlug sich die Hände vor das Gesicht und schrie auf.

»Nein . . . nein . . .!« kreischte sie.

Dann preßte sie den Kopf nach hinten gegen die Wand und stieß ein lautes, häßliches Lachen aus, das uns schrecklich in den Ohren klang.

Bevor noch jemand zuspringen konnte, sank sie in sich zusammen und stürzte auf den Boden.

Das Gewand schlug auseinander, und ihr weißer, reiner Körper hob sich grell von dem schmutzigen Grau des Fußbodens ab.

17. Angst

Nachdem Tom und ich Chorr auf ein Ruhelager gebettet hatten, drehte ich mich nach Uhba um, aber sie war verschwunden. Irgendwann mußte sie aus dem Zimmer gelaufen sein, ohne daß wir es in unserer Aufregung bemerkt hatten.

Ich nahm an, sie wäre hinunter zu den anderen Menschen gegangen, vielleicht um Hilfe herbeizuholen.

So benutzte ich die erste Gelegenheit, um mich von Tom zu verabschieden. Vielleicht war es sowieso besser, wenn die beiden jetzt erst einmal eine Weile allein blieben.

Als ich die Treppe hinuntereilte, hörte ich bereits aus dem Erdgeschoß wilde Schreie und aufgeregtes Reden heraufiönen.

Es klang alles andere als freudvoll und jubelnd.

Ich beschleunigte meine Schritte, denn zu der Angst um Uhba kam jetzt noch die Sorge um die anderen Menschen, die in ihrer Primitivität den seelischen Erschütterungen des Übergangs noch viel hilfloser gegenüberstehen mußten als wir, die wir doch immerhin gewohnt waren, unsere Gefühle fest in beiden Händen zu halten.

Als ich den großen Raum im Erdgeschoß betrat, blieb ich erschüttert an der Tür stehen.

Die Menschen, nunmehr alle von den Hüllen entblößt und in die neuen Gewänder gekleidet, standen in einer großen Gruppe beieinander und schrien aufgeregt aufeinander ein.

Ghel, den ich so lange vermißt hatte, war bei ihnen und versuchte, sie zur Geduld und Friedfertigkeit zu ermahnen, aber seine Stimme ging im Geschrei und den wilden Gestikulationen unter, und nur von Zeit zu Zeit war eins seiner beschwörenden Worte zu hören. Als die Menschen mich erblickten, kamen sie auf mich zugestürzt.

»Wo ist Tom?« schrien zwei, drei Stimmen gleichzeitig.

Ich stand im ersten Augenblick dieser Flut, die gegen mich heranbrandete, hilflos gegenüber.

Keinen dieser Menschen kannte ich.

Selbst wenn sie sprachen, konnte ich sie nur dann erkennen, wenn ich die Augen schloß und auf den Klang ihrer Stimme lauschte. Öffnete ich die Augen, so war der Eindruck durch das Auge gleich wieder so beherrschend, daß auch der vertraute Klang der Stimme verwischt wurde.

Es war ein schreckliches Gefühl, und ich konnte begreifen, daß diese einfachen Menschen diesem neuen, aufwühlenden Erlebnis, das sie aus einer alten Welt herausgerissen hatte und in die neue nicht hineinlassen wollte, nicht gewachsen waren.

»Weißt du, wo Tom ist?« fragte wieder eine Stimme, bevor ich Zeit gefunden hatte, mich zu fassen und eine vernünftige Antwort zu finden.

Ich zuckte mit den Schultern, weil ich wirklich nicht wußte, was ich hätte sagen können. In diesem Augenblick Toms Aufenthaltsort zu verraten, schien mir soviel wie mutwillig eine Katastrophe heraufbeschwören.

Diese Menschen, die jeden Halt an irgend etwas Bestehendem, Vertrautem verloren hatten, mußten zu allem fähig sein.

»Wer ist denn das überhaupt?« fragte eine andere Stimme.

»Tom ist sicher nur einmal hinausgegangen, um nach dem Feuer zu sehen«, sagte ich, nur um überhaupt etwas zu sagen.

»Bist du nicht Ivo?« rief eine weinerliche Frauenstimme.

Die Hilflosigkeit, die aus diesen Worten sprach und die nur noch wagte, Vermutungen zu äußern, schnitt mir tief ins Herz.

»Nein«, widersprach eine andere Stimme, ich glaube, es war die Taks, aber ich kann mich da irren, »das ist niemals Ivo.«

»Wer bist du?« tönte es mir von mehreren Seiten entgegen. »So antworte doch endlich. Oh, ist das furchtbar, daß man sich überhaupt nicht mehr auskennt.«

»Die Frau hat recht. Ich bin Ivo. Habt ihr Uhba nicht gesehen?«

Ein höhnisches Gelächter antwortete mir.

»Wie sollen wir Uhba wiedererkennen, wo wir uns, wenn wir in einen Spiegel sehen, nicht einmal selbst erkennen können«, sagte eine tiefe Stimme.

Ein neuer Schreck durchzuckte mich.

Wenn Uhba hier unter den Menschen war, so hatte ich tatsächlich keine Möglichkeit, sie herauszufinden, wenn es mir nicht gelang, irgendwo den Klang ihrer Stimme zu vernehmen.

Es waren nur wenig mehr als dreihundert Menschen hier versammelt. Und ich kannte sie alle persönlich. Von jedem wußte ich die Lebensgeschichte von dem ersten Heraufdämmern aus den Tagen der Kindheit bis zum Morgen dieses Unglückstages.

Jetzt aber waren sie mir alle fremd, genauso, wie ich für sie plötzlich ein Fremder geworden war.

In meiner Angst schrie ich mehrmals Uhbas Namen.

Niemand antwortete.

Aber was sollte das schon besagen. In diesem Lärm war es leicht möglich, daß sie mich nicht gehört hatte und selbst suchend durch die Menschen irrte, um mich zu finden.

Es war unvorstellbar. Wie Blinde tappten wir umeinander her und wußten nichts miteinander anzufangen.

Ach, wir waren schlimmer dran als Blinde, denn der Blinde hat es wenigstens gelernt, sich in seiner Welt der Finsternis zurechtzufinden, wir aber, obwohl unsere Augen ohne Rast und Ruhe hin und her blickten, wir standen fremd und hilflos in einer Welt, die wohl die gleiche geblieben, aber nicht mehr die unsere war.

Ich schob die Leute, die mich umdrängten, beiseite und ging zu Ghel hinüber.

Er, der seine Hülle nicht abgelegt hatte, er war jetzt der letzte Halt in dem höllischen Sturz, den wir alle taten.

»Ghel«, sagte ich aufgeregt, »hast du Uhba nicht gesehen?«

»Nein, Ivo.« Er sah eine Zeitlang suchend durch den Raum. »Sie ist auch nicht hier.«

»Könntest du sie denn erkennen?« fragte ich verblüfft, wenigstens einen Menschen gefunden zu haben, der nicht von der allgemeinen Hilflosigkeit befallen war.

»O ja, gewiß, natürlich«, erwiderte Ghel, »warum sollte ich sie nicht erkennen können. Ihr habt immer nur auf das Äußere gesehen, aber ich habe die Menschen stets nach ihrem inneren Wesen beurteilt, und daher hat sich für mich durch Toms Wahnsinnstat nichts geändert.«

»Mein Gott, wo kann sie denn nur stecken? Sie ist vorhin plötzlich fortgelaufen, aber ich weiß nicht, wohin.«

»Sie wird sich versteckt haben, weil sie sich vor dir schämt.«

»Uhba sollte sich vor mir schämen?« fragte ich verblüfft. »Warum denn das? Ich bin doch der alte und sie ist die alte . . . wir beide sind doch vernünftig genug, um . . .«

»Nein«, sagte Ghel, ein paar Zudringliche mit einer langsamen Handbewegung abwehrend, »ihr seid nicht die alten. Vergiß nicht, daß sich in jedem Gesicht die Gedanken des Innern spiegeln. Ihr seht jetzt diese Gedanken, aber ihr seid unfähig, sie zu deuten. Und diese Unfähigkeit macht euch mißtrauisch. Das Mißtrauen aber raubt euch die Ruhe und läßt euch zittern, weil ihr wohl merkt, daß sich in dem anderen etwas abspielt, ohne zu wissen, was es ist. Mißtrauen ist ein furchtbares Gift. Ihr alle seid in diesen wenigen Augenblicken schon restlos vergiftet.«

»Schweig, Ghel, ich bitte dich, schweig«, schrie ich. »Wie soll ich das aushalten, wenn ich höre, daß Uhba, die Mißtrauen und Angst niemals gekannt hat, nun vor mir und den Regungen meines Gesichts zittert.«

In diesem Moment entstand eine neue Unruhe in dem Raum, und alle drängten zur Tür.

Hau, ebenfalls noch in der Hülle, war eingetreten.

Ein tödliches Schweigen wischte den Lärm mit einem einzigen Ruck hinweg.

Es war nunmehr so still, daß wir den dumpfen Lärm des fernen Brandes plötzlich wieder hörten, als wenn er nicht weit von uns entfernt, sondern im Nebenhause wütete.

»Na, ihr fremden Menschen«, rief Hau mit höhnischem Gelächter. »Seid ihr denn nun so glücklich, wie Tom es auch versprochen hat?«

»Um Gottes willen, Hau, sei still«, schrie Ghel beschwörend.

Aber die Warnung des Priesters kam bereits zu spät.

Die gequälten Menschen heulten auf, als wenn man sie gepeitscht hätte.

Sie drängten sich um Hau und ließen Ghel und mich einsam in der Mitte des Raumes stehen.

»Jetzt kommt ihr an«, sagte Hau laut, »aber als ich euch zur Vernunft geraten habe, da wolltet ihr nichts hören und wart für alles andere als Toms verrückten Plan verloren.«

»Du hattest recht, Hau«, rief eine schrille Frauenstimme.

»Es ist überflüssig, jetzt noch darüber zu reden«, erwiderte Hau abwehrend. »Seid jetzt wenigstens klug, denn ich glaube, noch ist es nicht zu spät.«

»Was können wir tun?« fragte eine Stimme, die ich abermals für die von Tak hielt.

»Ihr müßt euch daran gewöhnen, daß von jetzt an eure Gedanken in euren Gesichtern geschrieben stehen. Langsam müßt ihr euch daran gewöhnen.«

»Komm«, sagte Ghel zu mir, packte meine Hand und zog mich näher an die Menschengruppe heran. »Hau redet überaus vernünftig, vielleicht finden wir gemeinsam mit ihm doch noch einen Weg, die Menschen zur Vernunft zu bringen.«

»Und wie könnte das geschehen?« fragte irgend jemand aus der Menschengruppe.

»Ihr müßt euch wieder Schleier vor das Gesicht binden, wenn ihr unter Menschen geht. Das Wissen um die Gedanken, die auf den Gesichtern unter diesen Schleiern ihren Niederschlag finden, wird auch die Annäherung aneinander erleichtern«, sagte Hau.

»Das ist ein guter Rat«, rief Ghel. »Tut euch mit Freunden zusammen und lernt langsam in eurem abgeschiedenen Zuhause, euch auch ohne Schleier zu ertragen.«

»Und woher bekommen wir die Schleier?« fragte eine Frau.

»Wir werden sie euch anfertigen«, sagte eine Stimme, die ich als die Mots erkannte. »Ich werde sofort mit Tom darüber sprechen.«

»Nein«, widersprach Hau, »du wirst nicht allein mit ihm sprechen. Ihr habt nun mit eurer Überheblichkeit schon genug Unheil angerichtet. Wir werden alle zu Tom gehen und ihm unsere Wünsche gemeinsam vortragen, das wird . . .«

»Auf zu Tom . . . auf zu Tom«, schrien mehrere Stimmen durcheinander.

»Weiß denn jemand, wo Tom ist?« fragte Ghel.

»Tom«, schrien die aufgeregten Menschen durcheinander.

»Er ist mit Chorr oben in der ersten Etage«, sagte ich.

»Weißt du das genau?« fragte Ghel.

»Gewiß! Ich bin eben von ihm gekommen.«

»Dann in Gottes Namen. Laßt uns gehen.«

»Kannst du uns führen?« fragte Hau.

»Ich möchte erst Uhba suchen gehen. Ich mache mir um sie große Sorgen. Wahrscheinlich ist sie in ihrer Angst nach Hause gelaufen und hält sich in ihrer Wohnung verborgen. Aber ihr könnt Tom nicht verfehlen. Er ist im zweiten Zimmer rechter Hand . . .«

»Dann wollen wir gehen. Und wenn du Uhba gefunden hast, dann bringe sie her, damit wir gemeinsam beraten, was nun weiter geschehen muß.«

In wilder Hast drängten die Menschen durch die Tür auf den Flur.

Ich sah ihnen nach, und ein Gefühl von Befreiung entrang sich meiner Brust.

Plötzlich hatte ich den Glauben, daß sich unter der vernünftigen Führung von Ghel und Hau doch noch alles zum Guten wenden könnte.

Dann drehte ich mich um und ging hinaus, um Uhba zu suchen.

Das Feuer (Ivos Flucht)

Ich lege den Schreibstift aus der Hand und sehe zu Hau hinüber, der nach unserer langen Unterhaltung nun seit Stunden wieder müde und apathisch auf seinem bescheidenen, harten Ruhelager liegt.

Nach den Sätzen, die ich eben geschrieben habe, erscheint mir plötzlich seine Hülle so unwirklich, und ich vermag es nicht zu glauben, daß ich selbst vor wenigen Tagen noch eine getragen habe.

»Schläfst du?« frage ich Hau.

»Nein«, sagt er leise. »Ich bin nur etwas schwach.«

»Soll ich dir etwas zu essen geben?«

»Danke. Ich brauche nichts mehr.«

Die Worte schneiden mir ins Herz, denn sie klingen wie ein leiser, stiller Abschied.

So stehe ich auf und gehe zu ihm hinüber.

Ich setze mich neben seinem Lager auf den Boden und nehme seine Hand.

Sie ist schlaff, und meine beruhigend streichenden Finger finden an ihr keinen Halt.

»Ich hätte dich gern noch etwas gefragt, Hau«, sage ich nach einer Pause. »Das heißt, nur wenn es dich nicht zu sehr anstrengt.«

»Frage nur. Was kommt es schon darauf an, ob es mich anstrengt oder nicht.«

»Ich hätte nämlich gern gewußt, was sich nun eigentlich abgespielt hat, nachdem ich euch verließ, um auf die Suche nach Uhba zu gehen.«

Hau sieht mich eine Weile schweigend an. Offenbar muß er seine Gedanken erst ordnen, um meine Frage, die überraschend für ihn kommt, zu beantworten.

»Das ist nicht leicht zu erzählen«, sagt er schließlich. »Es kam alles so überraschend und verwirrend, und ich weiß nicht, ob ich alles noch richtig zusammenbringe. Aber ich will es versuchen. Wir hatten Tom und Chorr schnell gefunden. Chorr lag auf einem Ruhebett und war sichtlich krank. Das Zimmer war nur klein, und da immer mehr Menschen hineindrängten, konnten wir uns kaum bewegen. Tom, der neben Chorrs Lager auf einem Stuhl gesessen hatte, sprang sofort auf, als wir eintraten. ›Aber, aber‹, sagte er ärgerlich, ›das geht doch nicht.‹ – Ghel versuchte durch gütiges Zureden, alle Leute bis auf fünf oder sechs, die als Abordnung zurückbleiben sollten, aus dem Zimmer zu bringen. Doch niemand hörte auf ihn. – ›Nein‹, sagte irgend jemand, ›jetzt sind wir hier, und jetzt bleiben wir hier.‹ – ›Wir wollen endlich wissen, was nun aus uns werden soll‹, rief eine andere Stimme, ›so wie es jetzt ist, fürchten wir uns ja vor uns selbst.‹«

»Ihr hättet nicht alle zugleich in das Zimmer eindringen sollen«, sage ich.

»Gewiß«, erwidert Hau, »es war ein Fehler. Wir hätten daran denken müssen, daß man den Ablauf eines Ereignisses um so leichter aus den Händen verliert, je mehr Menschen anwesend sind. Aber wir waren wohl alle zu verwirrt, um den Kopf klar zu behalten. Am verwirrrtesten aber war Tom, und damit nahmen die Dinge einen Verlauf, der verhängnisvoll werden mußte. ›Ich bin jetzt nicht zu sprechen‹, sagte er schroff, ›ich muß mich zunächst um Chorr kümmern, denn sie ist sehr krank.‹«

»Ja, Hau, das stimmt. Chorr war sehr krank. Sie war ohnmächtig zusammengebrochen, nachdem sie einen Blick auf Toms Gesicht geworfen hatte.«

»Und mit Recht, Ivo. Auch mich hat sein Gesicht entsetzt. Es wirkte so rücksichtslos und brutal, daß man sich sogar als Mann vor ihm fürchten mußte. Aber das alles war noch nichts gegenüber dem Ausdruck, den sein Gesicht jetzt annahm. Die Backenknochen traten scharf hervor, und seine eingekniffenen Lippen waren unzweifelhaft ein Zeichen von Herzlosigkeit.«

Hau schweigt eine Weile, und ich warte geduldig, denn sein schneller gehender Atem verrät mir, daß ihn die Unterhaltung sehr erschöpft hat.

Schließlich fährt er in seinem Bericht fort: »›Was kann ich dafür, wenn ihr euch vor euch selbst fürchtet‹, sagte Tom ärgerlich. ›Ich fürchte mich weder vor mir noch vor irgendeinem anderen Menschen.‹ – Die Menschen wichen vor Toms entsetzlichem Gesichtsausdruck bis an die Tür zurück und standen nun hier eng aneinandergedrückt, wie eine Herde erschrockener Tiere. ›So hilf uns, daß auch wir unsere Furcht verlieren‹, sagte eine ängstliche, zitternde Stimme. – ›Wie kann ich euch helfen‹, erwiderte Tom ablehnend, ›da muß jeder schon für sich selbst sorgen. Ich habe euch die neue Welt geschaffen, was ihr daraus macht, das ist nun euer Werk.‹ Er wandte sich um und ging zu Chorr hinüber, die still auf ihrem Ruhebett gelegen und die unerquickliche Szene mit aufgerissenen Augen verfolgt hatte. ›Und nun geht und laßt uns allein. Ich muß mich jetzt um Chorr kümmern, sie ist sehr krank.‹«

Hau läßt sich auf sein Lager zurücksinken und starrt die Decke der Höhle lange an. Aber es ist weniger die Schwäche, die ihn übermannt, als die Verzweiflung über die Wendung, die die Dinge genommen hatten.

Mir fällt plötzlich ein, daß er und Ghel die beiden einzigen sind, deren wahres Gesicht ich nicht kennengelernt habe, und ein fast unbezwingbares Gefühl überkommt mich, ihn zu bitten, ihm die Hülle aufschneiden zu dürfen. Ich glaube, er muß ein sehr gütiges Gesicht haben. Ich glaube es, aber ich werde es wohl nie wissen, denn als ich ihn jetzt so daliegen sehe, weiß ich, daß seine Stunden gezählt sind und daß er sich nicht mehr von seinem Lager erheben wird.

»Als wir alle an der Wand standen, erschrocken und von Angst befallen«, fährt er schließlich fort, ohne den Blick von der Höhlendekke zu nehmen, »trat Ghel vor. Er hatte sich bis jetzt im Hintergrund gehalten, wahrscheinlich, weil er fürchtete, daß sein Dazwischenreden Tom nur widerspenstiger und aufsässiger machen würde. ›Du mußt dich in die Lage dieser Leute hineinversetzen, Tom‹, sagte er leise und begütigend. ›Sie sind den seelischen Erschütterungen dieses plötzlichen Umschwungs ihres Lebens nicht gewachsen.‹ – ›So müssen sie es lernen‹, antwortete Tom kalt. ›Ich muß es auch lernen, aber ich gebe mir Mühe, und sie geben sich keine. Das ist der ganze Unterschied. Sie wollen alles fertig vorgesetzt bekommen.‹ – ›Ehrt dich denn das Vertrauen nicht, das diese Menschen in dich setzen?‹ – Es war ein geschickter Einfall von Ghel, in diesem Augenblick mit Toms Eigenliebe zu operieren. Tom ist, wie du weißt, sehr anfällig für solche Formulierungen, und ich atmete auf, weil ich glaubte, daß nun der Bann gebrochen wäre. Aber Tom war wohl zu sehr erschüttert, weil Chorr sich ihm gegenüber nicht mehr gleichgültig, sondern mehr als ablehnend verhielt. Wenn er ihr über die Hände streichen wollte, nahm sie sie fort, und wenn er ihr Gesicht zu berühren wünschte, drehte sie den Kopf nach der Seite. Das muß ihn empört und ihm den letzten Rest von Vernunft geraubt haben. Er kam plötzlich schnell auf Ghel zu. ›Ach, verschone mich mit deinen albernen Redereien‹, schrie er. Sein Gesicht war so blaß, daß die tiefliegenden Augen darin wie zwei Stücke schwarzen Gesteins wirkten. – Die anwesenden Menschen glaubten wohl, daß Tom Ghel irgendein Leid antun wolle, und da sie in diesem Augenblick keinen anderen Halt hatten als den Priester, mußten sie sich ihrer letzten Stütze beraubt fühlen, wenn Ghel in diesem Zimmer irgend etwas zustoßen sollte. Als Tom immer näher auf Ghel zukam, sprang plötzlich ein Mann aus der Menge vor, ergriff das Messer, das auf dem Tisch lag und mit dem Tom wohl Chorr und sich die Hüllen aufgeschnitten hatte, hob es hoch in die Luft und stieß es dem Forscher in den Hals. Das Blut spritzte in einem hohen Strahl aus der Wunde und beschmutzte uns alle, sogar die an der Wand auf dem Ruhebett liegende Chorr . . .«

»Es muß furchtbar gewesen sein«, sage ich leise zu Hau, denn ich wußte, daß dieser Stich, der Tom galt, uns alle getötet hatte.

»Ja«, sagte Hau schaudernd, »es war furchtbar. Wir hatten alle Mühe, die erregten Menschen aus dem Zimmer zu drängen und nach unten in die Halle zu bringen . . .«

18. Raserei

Als ich mich von Ghel und Hau in der Halle verabschiedet hatte, lief ich – trotz des starken Windes, der das Gehen zu einer gefährlichen Angelegenheit machte – in Uhbas Wohnung.

Aber sie war nicht da.

Ich überlegte eine Weile, wo ich sie noch suchen konnte, und ging dann zu mir nach Hause, weil mir plötzlich der unsinnige Gedanke kam, sie könnte vor mir bei mir Zuflucht gesucht haben. Aber auch hier fand ich Uhba nicht. Doch sie war hier gewesen, denn sie hatte mir eine Nachricht auf einer Schreibtafel hinterlassen.

»Sei mir bitte nicht böse, Ivo«, hatte sie geschrieben, »aber ich habe nicht den Mut, dir jetzt schon gegenüberzutreten. Mein Gott, welch hintergründige Wesen sind doch wir Menschen. Wir haben es nicht gewußt, aber die tückischen Augen und der höhnische Mund verraten alles. Ich muß erst Zeit gewinnen, um mich daran zu gewöhnen. Suche mich nicht. Vielleicht dauert es nur Tage, bis ich mich wieder zurechtgefunden habe. Wie glücklich waren wir doch, als wir so wenig voneinander wußten. Lebe wohl, ich komme wieder zurück, das verspreche ich dir. Uhba.«

Ich ließ mich auf einen Stuhl sinken und blieb lange hier hocken.

Nun war auch Uhba diesem grausigen Spuk verfallen.

Was nützt uns die Tiefe unseres Geistes, die es uns gestattet, die Erde zu spalten und die Naturgesetze in unseren Bann zu schlagen, wenn er es uns verwehrt, die Gedanken in den Augen des anderen zu lesen und die eigenen Gedanken so zu formen, daß wir uns ihrer vor den anderen nicht schämen müssen.

Mir scheint, daß der Mensch noch sehr weit vom Menschen entfernt ist, solange es ihm nicht gelungen ist, den Dämon in der Brust zu besiegen und der Vernunft die Vollkommenheit zu geben, die der Verstand in seinen praktischen Nutzanwendungen schon lange besitzt.

Tom war klug, aber nicht weise.

Vielleicht ist dies das Ende aller Kultur: der Übergang von der Weisheit zur Klugheit.

In dem Kampf zwischen Instinkt und Wissen ist der Instinkt eine stärkere Macht, als wir alle ahnen.

Der Instinkt hat uns gewarnt, doch das Wissen hat uns verblendet.

Wir wollten alles erringen, aber die Annehmlichkeiten unseres Lebens sind uns unter den Händen zerronnen, wie jetzt das Eis unter der aufkeimenden Sonne verrinnt.

Jeder große Plan steht auf des Messers Schneide. Von der Wohltat zum Verbrechen ist es nur ein Schritt. Wir haben diesen Schritt getan, und wir wissen jetzt, daß man diesen Schritt nur einmal tun kann.

Hier gibt es kein Zurück . . .

Trotz Uhbas Zusicherung, zurückzukommen, machte ich mich sofort auf die Suche nach ihr. Doch obwohl ich alle Orte absuchte, an denen ich sie vermuten konnte, blieb sie verschwunden.

Uhba war erfinderisch, wenn es galt, einen Willen durchzusetzen.

Sie war eine Frau und mir in der Erfindungsgabe daher turmhoch überlegen. Ich sah bald ein, daß es nutzlos war, noch weiter nach ihr zu suchen.

So kehrte ich denn nach Hause zurück und beschloß, hier auf sie zu warten.

Aber ich war erst kurze Zeit auf meinem Lieblingsplatz am Fenster zur Ruhe gekommen, als Hau, völlig außer Atem, in das Zimmer stürzte.

»Du mußt schnell kommen«, rief er, »die Menschen sind völlig außer Rand und Band geraten. Tom ist bereits ermordet worden, und jetzt sind sie auf der Suche nach Mot. Sie geben den beiden Schuld an der furchtbaren Lage, in der sie sich befinden, und weil nun keiner den anderen erkennen kann, wissen sie nicht, wo Mot steckt. Sie haben bereits mehrere getötet, aber sie geben sich auch damit nicht zufrieden, weil sie nicht sicher sind, ob sich Mot unter den Toten befindet.«

Ich sprang sofort auf und lief neben Hau die Treppe hinunter.

»Was sollen wir denn da nur tun?« fragte ich entsetzt.

»Vor allem müssen wir verhüten, daß Mot ihnen in die Hände fällt. Wenn es dazu nicht schon zu spät ist.«

»Aber wie sollen wir denn Mot herausfinden?«

»Das weiß ich auch nicht. Wir müssen uns auf Ghel verlassen; er ist der einzige, der die Menschen auch jetzt noch auseinanderhalten kann. Wenn es uns nicht gelingt, Mot zu retten, sind wir alle verloren.«

»Man soll natürlich versuchen, jeden zu retten«, sagte ich atemlos, denn wir waren sehr schnell gelaufen, »aber daß mit Mots Tod nun alles verloren wäre, vermag ich nicht einzusehen.«

»Nach dem Tode des Ingenieurs ist doch nur noch Mot in der Lage, den großen Brand unter Kontrolle zu halten. Geschieht das nicht, so frißt sich die Gesteinszersetzung wie ein brandiges Geschwür immer weiter fort, und bald steht unser ganzer Planet in Flammen.«

Es wird mir nicht gelingen, den eisigen Schock zu schildern, den ich bei diesen Worten Haus empfand. Ich war so wenig an technischen Dingen interessiert, daß ich mich niemals mit dem Gedanken beschäftigt hatte, was wir weiter zu tun hätten, nachdem das Feuer erst einmal entzündet worden war. Haus Worte erschütterten mich daher tief, und ich wußte, daß die nächsten zwei oder drei Stunden unser weiteres Schicksal entscheiden würden, denn eine einmal in Raserei versetzte Menschenmenge kommt erst dann wieder zur Vernunft, wenn diese Vernunft wertlos geworden ist. Dafür könnte ich Dutzende von Beispielen aus der Geschichte unserer Welt anführen.

Als wir die Straße vor dem Rathaus betraten, kamen uns in fliegender Eile einige Menschen entgegengelaufen. Diese Flucht war das Dümmste, das sie tun konnten, denn in der Raserei sahen gerade die unbesonnensten Elemente in jedem Fliehenden Mot, der sich schnell in Sicherheit bringen wollte. Ein anderer hatte ja nach ihrer Meinung keinen Grund zu fliehen.

So stürzten denn auch sofort einige Leute hinter den Fliehenden her, und bevor wir noch einschreiten konnten, waren sie niedergeschlagen, zertrampelt, erstochen oder auf irgendeine andere bestialische Weise getötet worden.

Jetzt kam auch Ghel aus der Halle auf uns zu.

»Hau und Ivo«, schrie er, »kommt her! Wir müssen die Menschen zur Vernunft bringen. Sie schlagen sich sonst noch gegenseitig tot, denn in seiner Wut sieht jeder im anderen seinen erbittertsten Feind.«

Trotz seiner Jahre sprang Ghel auf einen Stein neben der Treppe, die ins Haus führte, breitete die Arme aus und rief:

»Leute, eben haben Hau und Ivo die Leiche von Mot gefunden. Sie liegt im Gang nach dem ersten Stock. Es ist müßig, daß ihr noch weiter nach ihm sucht . . .«

Die Leute, die die Straße entlangliefen, blieben bei diesen Worten stehen, drehten sich um und strömten, als Ghel geendet hatte, in das Gebäude zurück, um sich davon zu überzeugen, ob im Gang wirklich Mots Leiche liege.

»Gebe das Schicksal, daß sie einen armen Unglücklichen an dem angegebenen Ort finden. Sonst wird ihre Wut um so schrecklicher aufflammen, weil sie sich auch noch belogen fühlen«, sagte Ghel matt, nachdem der letzte in dem Haus verschwunden war.

Aber das Geschick schien sich völlig gegen unser Volk entschieden zu haben.

Es verging nur eine kurze Zeit – wir hatten gerade das Portal erreicht, um uns ebenfalls in das Haus zu begeben –, als die Menschen, und dieses Mal in großer Zahl, wahrscheinlich alle, die noch am Leben waren, auf uns zugestürzt kamen.

»Du hast uns belogen«, kreischte eine schrille Stimme, »auf dem ganzen Gang liegt kein Mensch. Dort oben herrscht völlige Ruhe und Stille.«

»Er will Mot retten«, brüllte ein anderes Organ.

Und ein drittes forderte: »Schlagt ihn nieder!«

Kein Wort klingt einer rasenden Menge so lieblich in den Ohren wie dieses, und keiner Aufforderung kommt sie so gern und so widerspruchslos nach, wie der zur Anwendung von Gewalt.

Ein Stein flog durch die Luft, dem gleich darauf mehrere folgten, und bevor wir noch Zeit fanden, den alten Mann mit uns zu ziehen, war er zusammengebrochen.

Hau und ich, wir beide bemühten uns, Ghel der Wut der Masse zu entreißen, aber wir wurden zweimal zurückgeschlagen und ziemlich verletzt, bevor es mir gelang, mich etwas abseits zu schleichen und mit verstellter Stimme zu schreien: »Dort hinten rennt Mot, direkt auf das Haus von Tak zu.«

Sofort ließ die Masse von Ghel ab und jagte in der angegebenen Richtung davon.

Wir trugen Ghel schnell ins Haus und betteten ihn in einem abgelegenen Treppenaufgang auf die unterste Stufe.

Aber er war bereits tot.

Als wir die tobende und durch die neuerliche Lüge noch mehr aufgebrachte Menschenmenge zurückkommen hörten, richtete sich Hau plötzlich hoch.

»Es hat keinen Zweck mehr, hierzubleiben«, sagte er heiser. »Wir können nun doch nichts mehr gegen sie ausrichten. Ich muß auch zu meinen Tieren zurück, sie werden sich bereits nach mir sehnen.« Und mit einem Zittern in der Stimme, das fast wie ein Weinen klang, fügte er hinzu: »Sie fressen nämlich nichts, wenn ich nicht da bin.«

Es gelang uns, über einen Nebenausgang ungesehen das Haus zu verlassen und dem Schauplatz der schrecklichen Ereignisse zu entfliehen.

Zwei Tage hielt ich mich verborgen, dann . . .

Das Feuer (Ivos Flucht)

Ein tiefes Stöhnen von Haus Lager läßt mich den Schreibstift aus der Hand werfen und zu ihm hinübergehen.

Er liegt auf dem Rücken, den Mund weit geöffnet und die aufgerissenen Augen starr auf die Decke gerichtet.

»Was ist dir, Hau?« fragte ich ihn erschrocken.

Er nimmt langsam seine Hand hoch und läßt sie mit einer Geste der Erschöpfung auf meinen Arm fallen.

»Der Vorletzte geht, Ivo«, murmelt er leise.

»Hau«, schreie ich, packe ihn bei der Brust und schüttele ihn hin und her. »Du kannst mich doch jetzt nicht allein lassen.«

»Nein, ich kann es nicht«, sagt Hau, »dich nicht und die Tiere nicht. Aber ich muß es . . .«

Er läßt seine linke Hand auf den Boden sinken, und sofort drängen sich die Tiere dagegen, umschnurren sie und knabbern zärtlich mit ihren weichen, biegsamen Zähnen daran herum.

»Weißt du, was es bedeutet, allein zurückzubleiben?« flüstere ich.

Aus Haus Kehle quillt ein krächziges Lachen.

»Ob ich es weiß«, haucht er, »o Ivo, von allen unseren Menschen bin ich der einzige gewesen, der immer genau gewußt hat, was es heißt, allein zu sein.«

»Bist du denn in deiner Einsamkeit nicht glücklich gewesen?« frage ich verwundert, denn wir alle haben bisher in dem Glauben gelebt, daß es für Hau kein größeres Glück gibt, als allein und einsam zu sein.

»Glücklich gewesen«, wiederholt Hau langsam. Es ist, als ob er die Worte auf der Zunge zergehen läßt, um ihr Gewicht zu prüfen. »Einsamkeit ist immer nur das Zweitbeste. Denn sie verbraucht den Menschen schneller, weil sie von dem einzelnen verlangt, was sonst mehrere leisten könnten.«

»Mein Gott«, stammelte ich, »warum bist du denn nicht zu uns gekommen? Wir hätten dich gern aufgenommen.«

»Warum ich nicht gekommen bin? O Ivo, daß du mich dieses fragst.

Du bist sehr töricht. Ich bin nicht zu euch gekommen, weil ich eure Gesichter, eure kalten, herzlosen, brutalen Gesichter schon gespürt habe, als ein gnädiges Geschick euch zwang, sie noch unter den Hüllen verborgen zu halten.«

Er richtet sich hoch, und obwohl ich mich bemühe, es zu verhindern, gelingt es ihm, sich auf die Arme zu stützen.

»Ein Tier«, krächzt er röchelnd, »ein Tier hat nur ein Gesicht. Mag es ängstlich, zornig oder zärtlich sein. Es ist nur ein Gesicht, ein einziges und immer das gleiche. Ein Mensch aber hat tausend Gesichter . . . er hat die Gesichter der Heuchelei, denn er ist nie er selbst, er ist immer nur etwas, das er gerade darstellen will. Du kannst das nicht verstehen, denn dir fehlt der Sinn dafür. Ich aber habe mein ganzes Leben darüber nachgedacht, und ich kannte die Menschen, bevor sie sich zu erkennen gaben. Glaube nicht, daß ich die Menschen hasse; ich bemitleide sie . . . ich bemitleide sie von ganzem Herzen.«

Er packt meinen Arm und zieht mich näher zu sich heran.

»Hast du ein Messer bei dir?« fragt er, vor Aufregung zitternd.

»Gewiß«, sage ich, obwohl ich nicht begreife, was er damit will.

»Schneide mir die Hülle auf«, fordert er. »Nur am Kopf, das genügt schon.«

»Aber Hau«, sage ich entsetzt, »beruhige dich doch. Du bist krank und mußt erst gesund werden. Dann will ich es gern tun.«

»Tue es sofort«, sagt er ungeduldig.

»Wir haben doch kein Gewand für dich«, erwidere ich.

Hau lacht höhnisch auf. »Was brauche ich ein Gewand. Siehst du denn nicht, daß ich in wenigen Augenblicken tot sein werde. Beeile dich und schneide die Hülle auf. Schnell, ehe es zu spät ist.«

Langsam und sehr widerwillig erhebe ich mich, durchwühle meinen Packen und suche das Messer heraus.

Dann sinke ich auf die Erde zurück. Jede Bewegung fällt mir schwer. Ich habe ein Gefühl, als wenn man von mir verlange, ich solle ein Verbrechen begehen.

»Nun komm schon«, drängt Hau.

Er richtet den Kopf weiter hoch, obwohl es ihm sichtlich Mühe macht.

»Sitze ich so gut?« fragt er.

»Ja«, sage ich gleichgültig.

»Dann fang schon endlich an.«

Ich setze das Messer auf seinen Kopf und mache einen Schnitt nach hinten und einen nach vorn, wie ich es bei Tom gesehen und dann bei

Uhba gemacht habe. Vorsichtig klappe ich die beiden Hälften auseinander und lege seinen Kopf frei.

Ein eisiger Schreck durchfährt mich, als ich jetzt zum erstenmal sein Gesicht sehe.

»Tom!« entfährt mir ein Schrei.

Hau tastet mit zitternden Fingern über sein Gesicht. Er fährt den kühnen Bogen der Nase ab, streicht über die Stirn und tastet in die Höhlungen der Augen.

»Tom, sagtest du, nicht wahr?« sagt er mit einem unheimlichen Gesichtsausdruck. Aus dem Schnauben seines Atems schließe ich, daß es ein Lächeln sein soll. »Also hast du es gemerkt?«

»Was soll ich gemerkt haben?« frage ich zitternd.

Ich streiche mir mit dem Handrücken über die Wangen, denn der Schweiß steht mir in kleinen, dicken Tropfen auf dem Gesicht.

»Die Ähnlichkeit mit Tom? Warum soll ich ihm nicht ähnlich sehen? Tom war mein Bruder.«

»Das kann nicht sein«, stammele ich.

»Warum kann es nicht sein?«

»Du und Tom, zwei so verschiedene Menschen . . .«

»Alle Menschen sind verschieden, das müßtest gerade du am besten wissen.«

»Ich hatte keine Ahnung davon.«

»Nein, die hattest du wohl nicht. Ich habe mich geschämt, es irgend jemandem zu sagen. Ghel hat es mir eines Tages verraten, aber ich habe ihn gebeten, mit niemandem darüber zu sprechen.«

»Tom war ein kluger Mensch«, sage ich, um Hau zu beruhigen.

»Ja, er war klug . . . zu klug. Die übergroße Klugheit hat ihn zu einem rücksichtslosen Schuft gemacht. Wenn es nicht zu spät wäre, würde ich dir sagen: Nimm dich vor den Überklugen in acht. Nicht vor den Weisen . . . nicht vor den Vernünftigen, aber vor den Kalten, Klugen, denen ihre Fähigkeiten nichts anderes bedeuten, als rücksichtslos ihre Wünsche und Pläne durchzusetzen. Sie tragen am Unglück der Menschen die meiste Schuld.«

Ich bin aufgesprungen und laufe unruhig in der Höhe auf und ab. Die Unruhe treibt mich herum, und in mir ist ein ungestümer Drang, der sich nach Betätigung sehnt.

»Hast du einen Spiegel?« fragt Hau plötzlich.

»Nein.«

»Irgend etwas Glänzendes?«

»Nein, auch nicht.«

»Dann gib mir das Messer.«

»Was willst du mit dem Messer?« schreie ich.

Der Gedanke, daß Hau sich mit dem Messer etwas antun könnte, erfüllt mich mit schauderndem Entsetzen.

»Dummkopf, ich will mein Gesicht in der blanken Schneide sehen. Einmal will ich es wenigstens gesehen haben.«

Stumm reiche ich ihm das Messer.

Hau nimmt es und hält es sich vor das Gesicht.

Eine Weile studiert er sorgfältig jeden Zug und jedes Fältchen. Sein keuchender Atem, das Rascheln der unruhigen Tiere und das ferne Knattern des großen Brandes sind die einzigen Geräusche in der Höhle.

Ich wage vor Erregung kaum zu atmen.

Eine lange Zeit vergeht so.

Schließlich richtet Hau sich hoch und wirft das Messer mit einem zornigen Schrei zu Boden.

»Heuchelei . . . abgründige Hinterlist . . . Unwahrheit . . . wohin man sieht«, brüllt er.

Dann läßt er sich mit einem Ruck nach hinten fallen und bleibt lange Zeit schnaufend liegen.

Ich wage nicht, zu ihm zu gehen, aber ich wage auch nicht, weiter herumzulaufen.

So bleibe ich, an meinen Platz gebannt, stehen und starre, von Angst gepeinigt, auf den kranken Menschen.

»Ich weiß, was ich denke . . . ich kenne meine Gefühle«, sagt Hau schließlich, »aber nichts davon finde ich in meinem Gesicht wieder.«

»Du siehst also, der Ausdruck unserer Gesichter täuscht«, sage ich, um ihn zu beruhigen.

»Nein«, schreit Hau. »Nicht die Gesichter täuschen, wir selbst, unsere Gedanken und Empfindungen sind falsch. Ach, Ivo, dieser kurze Blick hat mir gezeigt, wie sehr wir uns über uns selbst täuschen. Nein, nein, nein! Es ist kein Wunder, wenn diese gräßlichen Gesichter die Menschen in Raserei versetzt haben. Es ist gut so, wie es gekommen ist. Es konnte gar nicht besser kommen, Ivo. Ein ganzes Leben hätte nicht ausgereicht, den Menschen den Glauben zum Menschen zurückzugeben.«

Hau liegt da, keuchend und röchelnd. Schrecklich anzusehen mit seinem verzerrten Gesicht und den aufgeklappten Hälften seiner Hülle. Ich trete vor die Höhle und lasse meine Hände naßregnen. Dann gehe ich zurück an Haus Lager und streiche ihm mit der nassen

Hand über das Gesicht. Ich hoffe, daß ihn das erfrischt, wenn das Wasser auch lauwarm ist.

Aber Hau schlägt meine Hand zornig zur Seite.

»Laß das«, keucht er wütend. Das Sprechen bereitet ihm offensichtlich große Schwierigkeiten.

Ich stehe hilflos da und zermartere mir das Gehirn, wie ich ihm helfen könnte, aber mir will nichts einfallen.

Da, wieder ist eine lange Zeit vergangen, richtet sich Hau abermals hoch.

»Ich habe dir nicht alles erzählt«, sagt er langsam, die einzelnen Worte nur mit Mühe über seine Zunge bringend. »Ich habe dich belogen . . . vielleicht war es Scham . . . oder Angst . . . oder irgend etwas anderes. Was weiß ich. Ich habe dir erzählt, daß ein Mann vorgesprungen ist und Tom erstochen hat. Es ist nicht irgendein Mann gewesen. Es war ein bestimmter, Ivo . . .«

Hau richtet sich so weit auf, daß er sich mit der Hand stützen muß, um nicht das Gleichgewicht zu verlieren. »Weißt du, wer es war?« keucht er. »Ich, Ivo. Ich habe meinen Bruder getötet. Es war eine Tat der Verzweiflung, denn ich ahnte das Unglück, das von ihm kommen mußte. Aber ich tat diese Tat zu spät. Zu spät, wie alles, was die Menschen tun, um Hilfe zu bringen.«

Die zitternde Hand versagt ihren Dienst. Sie knickt ein, und Hau schlägt nach hinten um. Er rollt von dem Ruhelager mitten zwischen die Tiere, die erschrocken zur Seite springen.

Ich gehe hin, um ihn wieder neu zu betten, aber als ich ihn aufhebe, sehe ich, daß es nicht mehr nötig ist.

Hau ist tot . . .

19. Das Ende

Zwei Tage hielt ich mich verborgen nach den schrecklichen Ereignissen am Rathaus.

Manchmal hörte ich aus meinem Versteck Menschen grölen und schreien, aber je weiter die Zeit vorschritt, um so seltener wurde der Lärm, und gegen Ende des zweiten Tages verstummte er ganz.

Ich wartete noch einige Stunden, ehe ich mich aus meinem Schlupfwinkel wagte. Immer machte ich nur zwei, drei Schritte und blieb dann lauschend stehen.

Die tödliche Ruhe, die sich über unsere Stadt gesenkt hatte, ließ mich langsam mutiger werden, und so beschleunigte ich bald meine Schritte und ging in Richtung auf das Rathaus zu.

Erspare es mir, die grausigen Szenen zu schildern, die ich dort erblickte.

Es war entsetzlich, und ich brauchte Stunden, ehe ich mich überwinden konnte, das Gebäude zu betreten.

Mots Ratschlag, das Rathaus in den nächsten Tagen nicht zu verlassen, war das einzige, was die Menschen genau befolgt hatten. Sosehr der Wahn der Vernichtung sie auch gepackt hatte, die Sorge um das eigene Leben war doch stärker als aller Drang zur Vernichtung.

So fand ich denn auf verhältnismäßig engem Raum alle Menschen unseres kleinen Volkes wieder. Die meisten erstochen und erschlagen, nur wenige, und das waren wohl die letzten Überlebenden, hatten sich aus Grauen über das Geschehene, mehr aber wohl noch aus Angst vor der Zukunft erhängt.

Zwei Tage mühte ich mich, die Toten in der Halle des Rathauses zusammenzutragen. Es war eine grausige Arbeit, aber ich tat sie nicht aus irgendeinem Gefühl der Pietät und des Mitleids, sondern (es ist furchtbar, daß ich das hier niederschreiben muß) um zu sehen, ob es nicht doch noch Überlebende geben würde.

Am Morgen des dritten Tages hatte ich dreihundertunddreiundzwanzig Leichen zusammengetragen.

Nur drei Menschen fehlten, und ich wußte sofort, wer diese drei waren: Uhba, Hau und ich.

Uhba, das war mir in diesem Schrecken eine gewisse Beruhigung, war also dem Tode entgangen, und das gab mir neuen Lebensmut.

Ich packte einige Sachen zusammen und machte mich auf den Weg.

Zunächst wollte ich zu Hau.

Bei ihm war ich sicher, wo ich ihn finden würde.

Im Schlot des erloschenen Vulkans bei seinen Tieren.

Ich war Uhba in diesem Augenblick so dankbar, daß sie mich damals mit hinaufgenommen hatte, so wußte ich wenigstens den Weg und brauchte nicht erst lange zu suchen.

Ich war sehr müde und kam daher nur langsam vorwärts. Die Füße schmerzten mich, und die ungewohnte Kleidung legte sich um meine Beine und hemmte meine Schritte. Aber langsam stieg ich doch höher, und die Stadt zu meinen Füßen wurde kleiner und kleiner.

Ich war dem Eingang in die unterirdische Welt schon sehr nahe gekommen, als ich plötzlich in einer Talsenke etwas liegen sah, das mir auffällig vorkam.

Ich zwängte mich auf eine vorspringende Felsnase, um besser hinabblicken zu können, und da sah ich, daß ein Stück unter mir ein Mensch lag.

Ich legte mein Bündel am Rande einer Felswand ab und sprang in langen Sätzen, mehr rutschend und gleitend als gehend, den Hang hinunter.

Ja, es war ein Mensch, der da lag.

Steif, starr und tot.

Es war Uhba.

Ich werde nie erfahren, ob sie in ihrer Aufregung fehlgetreten und abgestürzt war, oder ob auch sie das Grauen vor der Zukunft übermannt hatte und sie einen schnellen Sprung dem endlosen, angsterfüllten Dahindämmern in einer fremden, unheimlichen Welt vorgezogen hatte.

Ich hockte mich auf die Erde und blieb lange neben der Gestalt sitzen, die mir noch vor kurzem das Liebste gewesen war.

In dieser schweren Stunde tröstete mich nur der Gedanke, daß ich ihr bald nachfolgen würde.

Erst sehr viel später zog ich langsam weiter.

Ich stieg den Berg höher hinauf, bis ich den Krater erreichte. Eine Weile wagte ich mich nicht in die gähnenden Gänge hinein. Es war die Angst vor der unheimlichen Schlucht, die sich vor mir auftat, und es war die Sorge, daß ich mich in der Finsternis verirren könnte. Aber nachdem ich allen meinen Mut – den kläglichen Rest von Mut, der mir noch geblieben war – zusammengenommen und die ersten Schritte getan hatte, zeigte es sich, daß die verschlungenen Spalten ihre bedrückende Finsternis verloren hatten. Die Flammen des großen Feuers erleuchteten den Eingang, und ihr Widerschein vertrieb die Schwärze der Tiefe. So hatte die Glut wenigstens ein Gutes. Immer wieder nach Hau rufend und angstvoll und erregt auf eine Antwort lauernd, schlich ich mich weiter. Das spitze Gestein zerschund mir die Haut, aber ich achtete nicht sonderlich darauf.

Ich war schon ein ganzes Stück tiefer gestiegen, und die Helligkeit hatte bereits stark abgenommen, da der Schein des Feuers nicht mehr recht bis hierher reichte, als ich plötzlich erschrocken stehenblieb. Wie, wenn nun mit einemmal die Flammen den Ausgang erreichten, während ich hier umhertappte. Dann war ich gefangen und einem schmählichen Tode ausgeliefert. Einen Augenblick spielte ich mit dem Gedanken, mich umzudrehen und davonzulaufen. Es war ein verlockender Gedanke, und ich mußte alle Kraft zusammennehmen, ihm nicht Folge zu leisten. Aber dann sagte ich mir, daß meine Tage sowieso gezählt seien und daß es praktisch auf das gleiche hinauslaufe, ob ich heute hier oder in wenigen Tagen an anderer Stelle das Ende erwarten müsse. Und außerdem war da noch immer die Hoffnung, daß ich Hau doch noch in den Tiefen des Vulkans finden würde und dann wenigstens nicht mehr so grenzenlos allein wäre.

So stolperte ich immer tiefer und tiefer in die Erde hinab, bis ich schließlich dort angekommen war, wo wir den Einsiedler getroffen hatten.

Ich suchte Hau im ganzen Krater, aber weder von ihm noch von den Tieren fand ich eine Spur, und so befestigte sich in mir der Gedanke, daß ich nunmehr der letzte Mensch auf diesem großen, gewaltigen, sterbenden Stern war . . .

Der Letzte (Ivos Flucht)

Die Sorge um Hau und die Beschäftigung mit meinen Aufzeichnungen hat meine Aufmerksamkeit für wenige Tage von dem großen Brand abgelenkt.

Ich war so erschüttert und so beschäftigt, daß ich das laute Knattern der flackernden Flammen, das Bersten der Felsen kaum noch bemerkte.

Jetzt erst, da Hau tot ist, fällt mir meine Lage wieder ein. Ich unterbreche meine Niederschrift und trete vor die Höhle. Was ich zu sehen bekomme, läßt mir fast das Herz stillstehen.

So weit ich auch blicke, ist alles um mich her ein Meer von Flammen. Die Berge sind in Auflösung begriffen, und das geschmolzene Gestein wälzt sich nun langsam, ein glühender Fluß, die Berge hinab in die Täler.

Der Himmel leuchtet golden und rot und gelb. Lange Glutfahnen flackern hinauf zum Firmament. In dem Schmelzfluß der Basalte, Gneise und Granite sterben Stolz und Arroganz der Menschen einen grausigen Flammentod.

Nach dem Meer zu scheint noch ein kleines Stück des Flammenringes offen zu sein. Sehen kann ich es zwar von hier nicht, denn der Berg ist dazwischen, aber das Fehlen der feurigen Korona läßt es mich hoffen.

Ich laufe noch einmal in die Höhle und nehme einen flüchtigen Abschied von Hau. Das heißt, ich sehe ihn an, wie er da steif und starr auf seinem Lager liegt, aber meine Gedanken sind bereits woanders. Sie sind bei dem Gepäck und bei der Überlegung, ob ich etwas mitnehmen soll oder nicht.

Die Tiere sind noch immer bei Hau. Aber sie knabbern nicht mehr an seinen Fingern, die Starre hat sie verwirrt und ängstlich gemacht.

Sie winseln und stoßen ihre kleinen, zärtlichen Pfiffe aus. Es klingt schreckeinflößend in dieser Welt des Grauens.

Ich reiße Haus Bündel auf und streue den Tieren den ganzen Rest des Futters hin. Sie aber achten gar nicht darauf, sondern sitzen auf ihren Hinterpfoten vor dem Lager des toten Freundes und blicken ihn winselnd und ängstlich an.

Einige Tage kann das Futter reichen, vielleicht sogar länger, als das Feuer den armen Kreaturen Zeit läßt, aber ich bin im Zweifel, ob sie fressen werden, wenn sie sehen müssen, daß sich niemand um sie kümmert.

Sie sind treu und anhänglich bis über den Tod hinaus; von welchem unserer toten Menschen könnte ich das wohl sagen. Selbst Uhba hat mich verlassen, obwohl sie versprochen hatte, zu mir zurückzukehren.

So kommt der Augenblick, da ich weiterziehen muß.

Ich beschließe, nichts von meinen Sachen mitzunehmen.

Warum auch. Jetzt geht es mit Riesenschritten dem Ende entgegen.

Auch dieses Buch lasse ich hier zurück. Die eine Aufgabe, mir die Zeit zu vertreiben und meine Aufmerksamkeit von dem Toben der Elemente abzulenken, ist erfüllt. Ob sich auch die zweite Aufgabe erfüllen wird, die Menschen anderer Sterne zur Vernunft und Einkehr zu veranlassen, ach, das wage ich nicht zu hoffen.

In den Tagen, da ich um den sterbenden Hau wachte, habe ich es noch einmal gelesen. Es ist mir nicht so gelungen, wie ich es hätte schreiben wollen . . . und müssen. Vieles ist unklar geblieben, und oft habe ich mich wiederholt. Die Furcht und die Verzweiflung, die mich trieben, fanden ihren Niederschlag in meinen Worten. Das hat meine Erzählung nervös und zerfahren gemacht, und das wird es dir, Freund einer fernen Welt – wenn meine Gedanken, die ich dir während des Schreibens sandte, über die einsamen, endlosen Weiten des Alls ziehen –, nicht leicht machen, mich zu verstehen. Aber vielleicht ist es auch gut, wenn etwas von dieser Verzweiflung und dieser Furcht in meinen Zeilen ist. So werden diese Worte mit der gleichen Unruhe in dir sprechen, die ich empfand, als ich sie niederschrieb.

Bald werden wir uns voneinander verabschieden müssen, und ich werde eingehen zu den Urkräften der Natur. Es mag sein, daß dann aus den winzigen Bestandteilen meines zerfetzten Körpers neue Welten mit neuem Leben entstehen . . . wenn Ghel damals, als er uns vor den grausigen Folgen unseres Tuns warnte, die Wahrheit gesprochen hat. Ich aber wäre von all meinem Leid und der großen Schuld, die ich auf mich geladen habe, erlöst, wenn das Leben, das aus meinem Körper ersprießt, glückliche und frohe Geschöpfe hervorbringen würde . . .

Müde und erschöpft taumele ich aus der Höhle.

Ein wütender Regen, dessen Tropfen groß und von einer unangenehmen Wärme sind, empfängt mich.

Die Hitze ist so groß geworden, daß der Schweiß mein Gewand fest an den Körper klebt. Ich sehe ein, so komme ich nicht vorwärts. Ich reiße mir das Gewand also herunter und jage, nackt und bloß, weiter.

Ein nackter Mensch in diesem Inferno. Das Leben und die brutale Materie in einem wilden Kampf gegeneinander.

Der Boden ist heiß und brennt unter meinen bloßen Füßen. Ich rutsche aus und falle hin, stehe auf und taumele weiter. Die schroffen Hänge hinauf und die steilen Schluchten hinunter.

Die scharfen Grate der Felsen bohren sich in meine Sohlen. Sie zerschneiden mir das Fleisch. Der Modder quillt zwischen meinen Zehen.

Um mich lärmen die Flammen, in mir lärmt und tobt die Angst.

Als der Abend kommt, sinke ich erschöpft zwischen den Felsen zusammen und schlafe einen unruhigen, von den Furien der Verzweiflung gepeitschten Schlaf.

Wenige Stunden später bin ich wieder auf den Beinen.

Vor mir dehnt sich noch immer das Gebirge. Einsam, unheimlich, kochend und bedrohlich.

Am dritten Tag rutscht mir die Brille von der Nase und zersplittert auf dem Gestein. Mein letzter Besitz geht mit ihr verloren, und die grelle Helle greift spitz in meine entzündeten Augen.

Vor mir liegt nur noch ein einziger, zerklüfteter Höhenzug. Hinter ihm dehnt sich, unabsehbar weit, das Meer. Kochend und brodelnd und in Nebel gehüllt, scheint es mich durch eine schmale Talsenke hindurch höhnisch anzusehen.

Stunden um Stunden haste ich weiter. Die Berge habe ich jetzt hinter mir. Ich bin in einem tiefen Einschnitt, der nur schmal und verschlungen ist. Links und rechts von mir steigen die Berge zu großer Höhe auf. Im Tal herrscht eine düstere, unheimliche Dämmerung, nur auf den Bergspitzen liegt der helle Schein des Feuers, sie in eine Palette von Gelb und Rot und Gold tauchend.

Ich bin jetzt seit der letzten Höhle fünf Tage unterwegs. Fünf Tage habe ich nichts gegessen; und die Schwäche läßt mich müde und zerschlagen auf den zerschundenen Füßen taumeln.

Noch eine letzte Biegung, dann einen steilen Abhang hinunter, und vor mir liegt das große Wasser. Ich wanke bis dicht an die Küste und sinke dort, naß von Schweiß und Regen, zu Boden.

Lange liege ich in einem erschöpften Halbschlaf.

Links und rechts von mir hat das Feuer das Meer erreicht. Flammen und Wasser liefern sich dort einen erbitterten Kampf. Aber das Feuer ist stärker. Sooft sich auch die Fluten über die sengende Glut ergießen, die Macht des Brandes zerfetzt die Feuchtigkeit zu einem wallenden Vorhang aus Dampf und Gischt. Wie ein Schleier steht der Dunst zwischen mir und den Flammen, leuchtend rot und in tausend Nuancen schillernd.

Der schreckliche Lärm legt sich erregend auf meine Ohren. Ich wühle den Kopf in den heißen Sand, um ihm zu entgehen, aber das Zittern des gequälten Bodens ist noch schrecklicher.

Zwei Tage wanke ich, von der Angst gehetzt, an dem unwirtlichen Gestade dahin. So schwach ich bin, ich finde in dieser Welt der Unrast keine Ruhe und wage es nicht einmal mehr, mich für ein paar Stunden der Vergessenheit des Schlafes hinzugeben, aus Angst, im Schlaf von den Flammen überrascht zu werden.

Oh, wie lächerlich ist diese Angst! Was macht es schon aus, wenn mich die Flammen im Schlaf überraschen, diese Flammen, denen ich früher oder später doch zum Opfer fallen muß.

Inzwischen ist das Feuer wesentlich näher zu mir herangekommen.

Der Weg, den ich durch das Gebirge nahm, ist längst das Schlachtfeld der entfesselten Gewalten. Durch die enge Schlucht, die ich herabkam, wälzen sich bereits die Glutflüsse des geschmolzenen Bodens. Ein langer Wurm von Dampf und Feuer windet sich zwischen den Felsen hindurch und kommt der Küste immer näher.

Es ist jetzt so heiß, daß ich die Glut wie eine enge körperliche Berührung empfinde.

Ich muß weiter nach Westen ausweichen, denn das geschmolzene Gestein schiebt sich nun langsam über den schmalen Küstensaum und drängt unaufhaltsam dem Wasser entgegen.

Am nächsten Mittag hat mich das Feuer so weit eingekreist, daß ich das Ufer verlassen und in das Meer gehen muß.

Zum erstenmal in meinem Leben bin ich im Wasser.

Es ist ein seltsames Gefühl; denn Wasser ist zwar etwas Greifbares, das aber dennoch immer wieder ausweicht. Es hat die Konsistenz eines noch unausgegorenen Gedankens. Es ist da, aber man kann es nicht halten. Es entgleitet, wenn man es fassen will.

Wenn nur die schreckliche Hitze nicht wäre. In meinen Wunden an den Füßen und Beinen brennt die Wärme der Flüssigkeit wie die Schneide eines scharfen Messers.

Wenn jetzt ein Schwächeanfall kommt, bin ich verloren.

Ach, ich bin überhaupt verloren. In wenigen Stunden wird das Wasser so heiß sein, daß ich hier gesotten werde, wie die Menschen früher das Fleisch gesotten haben, das sie zur Nahrung benötigten.

Vielleicht bin auch ich für die Natur nichts anderes als ein Stück Fleisch, Nahrung für ihre Pläne der Zukunft.

Meine entzündeten Augen starren, aller Angst zum Trotz, auf die wütenden Flammen, die sich näher und näher heranfressen. Ich wage nicht, mich zu bewegen, aus Angst, den Boden unter den Füßen zu verlieren und unterzusinken. Ich wage überhaupt nichts mehr. Selbst mein Atem geht leise, ganz leise, um den Lärm des tobenden Feuers nicht zu stören.

Hinter dem Berg, der zu meiner Rechten lag, als ich die Schlucht herunterkam, zeigt sich plötzlich ein besonders heller Feuerschein. Er wallt auf, steigt in die Luft hinauf und schießt dann in einem langen Strahl kreuz und quer durch den Raum.

Gleich darauf durchschneidet ein scharfer Knall die Luft, so laut und erschütternd, daß ich das Gleichgewicht verliere und umsinke.

Ich schlucke viel Wasser, bin aber gleich darauf wieder hoch.

Dann sehe ich, wie der ganze Berg in Bewegung kommt, seine Konturen verschwimmen, buckeln sich auf, fallen zusammen und dann . . . dann beginnt das ganze riesige Massiv langsam auf das Meer zuzufließen.

Oh, Mensch . . . das Ende ist gekommen.

Wenn dieser Brei aus Glut und Dreck und Stein das Meer erreicht, dann wird . . .

Nein, das kann ich nicht zu Ende denken.

Oh, Freund einer fremden Welt . . . ich sehe den Berg näher kommen, breiig, verwaschen, verschwommen . . .

Ghel sagte mir eines Tages, daß die Gedanken die kleinsten Dinge der Welt sind, daß sie das All durchdringen können und daß für sie die Gesetze der Materie nicht gelten. Wenn es so ist, dann wünsche ich, daß das, was ich in dem Buch aufgezeichnet habe, in dem Buch, das sich jetzt in der Höhle bereits zu Dunst und Qualm und Hitze aufgelöst hat, dann wünsche ich, daß diese Gedanken zu dir dringen, auf daß du sie aufzeichnest mit deinen Worten, damit die Menschen sehen, daß das Glück dieser Welt nicht von den Dingen kommt und von den Annehmlichkeiten des Lebens, sondern daß es aus den Menschen quillt, aus ihren Gedanken und den zarten Regungen ihres Herzens. Es ist nicht die Materie, die die Menschen glücklich macht, sondern die stille Sprache ihrer Herzen. Diese Sprache ist das Edelste, das Gott uns gegeben hat, und wir versündigen uns an unserem Dasein, wenn wir der Habgier zuliebe opfern, was die Menschen zu Menschen macht.

Schreibe es auf . . . schreibe es auf, Mensch.

Innen liegt die Rettung, nicht außen.

In uns.

Die kalten Nützlichkeitsapostel zerstören die Seelen, aber ohne Seelen können wir nicht leben, und schon gar nicht glücklich sein . . .

Schreibe es auf.

Vergiß es nicht . . .

Schreibe es auf, denke an unser Schicksal.

Laß alles andere stehen und liegen.

Greife zur Feder, Mensch, und schreibe . . .

Denn an unserem Schicksal kannst du sehen, was . . .

Der Berg . . .

Jetzt ist er da . . .

Der Brei und das Meer . . .

Hast du diesen entsetzlichen Knall gehört, es ist der Knall, mit dem das letzte Leben auf diesem Stern erlischt . . .

Es ist das . . .

Freund . . .

Die Hitze . . .

Das Wasser kocht . . .

Freund, ich rufe dich . . . Ich rufe dich, laut und dringend.

Schreibe, Mensch, denke an uns . . .

Schreibe . . .

Jetzt, das Feuer, die Glut . . .

Ich . . .

Ach, es ist alles zu Ende . . .

Nachwort

Ein ferner Planet, die Sonne im Erlöschen, nur noch als mattroter Ball hängt sie am Himmel. Eine neue Eiszeit bricht an, die letzte. Die Menschen versuchen sich mit wärmeisolierenden Hüllen vor der Kälte zu schützen, doch nur wenige überleben. Sie ziehen sich in tiefgelegene Höhlen zurück, wo ihnen ein letzter Rest von Glut die unabdingbare Wärme liefert. Die Kinder, die dort aufwachsen, kennen keine Pflanzen, keine Tiere. Doch immer noch sind es Menschen mit einem »Drang nach Schönheit und Rhythmus und Gefüge« – und so decken sie ihren Bedarf an »den kubischen Gebilden« des mathematischen Schulunterrichts. Blumen aber gehören der Sage an – wenn es noch welche gibt, dann in unerreichbaren Regionen. Und so schrieb ein Kind »mit ungelenken Buchstaben« an die Wand das Motto der Geschichte: »Blumen wachsen im Himmel«.

Schon die Wahl des Titels zeigt, daß hier mit einer dichterischen, an Bildern reichen Sprache operiert wird. Friedrich Leiner geht in einem Aufsatz über »Apokalyptische Zukunftsbilder deutscher Autoren nach 1945« auch auf Hellmuth Langes Antiutopie ein. Er betont den »gepflegten Stil, der trotz der ungewohnten Schauplätze und Handlungen des Romans die traditionellen Muster gehobenen Unterhaltungsschrifttums nicht verleugnet«. Bemerkenswert, wie der Autor selbst dem Weltuntergang noch Szenen grausiger Schönheit abzugewinnen versteht. Etwa wenn er Wolkenbrüche schildert, deren Wassermassen aber die Erde nicht erreichen, sondern über dem Flammenmeer verdunsten und dabei riesige, auf- und niederwallende Dampfschwaden bilden. Oder wenn er die Feuersäule beschreibt, das Zeichen menschlichen Größenwahns, die immer weiter aufsteigt, sich mehr und mehr dehnt – und zuletzt als todverheißender Rauchpilz am Himmel steht: das neue Symbol des Untergangs.

Hellmuth Lange schrieb dieses Buch 1947, und zwar unter dem Eindruck der Atombombenabwürfe über Hiroshima und Nagasaki. Besonders entsetzt hat ihn, daß »auch noch die zweite Bombe gezündet wurde, nachdem man wußte, welche entsetzlichen Schäden die erste angerichtet hatte«. So spiegelt sich in seinem tief pessimistischen Buch beides: der Zweifel am technischen Fortschritt und der Zweifel an der menschlichen Vernunft.

Geboren wurde Hellmuth Lange 1903 in Thorn. Seine Jugend verbrachte er in Berlin-Pankow, wo er auch studierte; 1926 schloß er an der Handelshochschule als Diplomkaufmann ab. Von 1926 bis 1933 arbeitete er freiberuflich als Fachschriftsteller und übernahm dann – bis 1940 – die Schriftleitung der bei Voigtländer erscheinenden Fotozeitschrift »Satrap«. 1941 wurde er zum Luftschutz-Warndienst eingezogen, wo er bis 1945 tätig war. Nach Kriegsende setzte er seine freiberufliche Schriftstellerei fort, ein Beruf, in dem er trotz seines hohen Alters heute noch aktiv ist. Zwischendurch, von 1948 bis 1975, betrieb er einen eigenen Verlag für Schmalfilmliteratur.

Hellmuth Lange war schon früh an sozialen Fragen interessiert. Ab 1929 legte er ein zeitgeschichtliches Archiv an, eine Basis, auf die er sich bei vielen seiner oft satirisch ausgerichteten Romane stützte. Auf dieses Material begründet sich aber auch seine Einsicht, daß sich die Geschichte seit dem Ende der zwanziger Jahre bis heute doch in manchen Richtungen unerwartet entwickelt hat – ganz anders, als es die Historiker und Zeitkritiker erwarteten.

Hellmuth Lange ist alles andere als ein Bestseller-Autor, seine Bücher erschienen in relativ kleinen Auflagen, einige Romane wurden überhaupt nicht publiziert. Ein Grund dafür ist seine Vorliebe, sich mit schwierigen, unangenehmen Themen zu beschäftigen, und das meist, ehe die von ihm kritisierte Situation der Öffentlichkeit überhaupt klar geworden war. Und wenn er sich dabei des Mittels der Satire bedient, so macht er es sich besonders schwer: Diese Satiren sind weder harmlos noch heiter, der blutige Ernst, der dahintersteckt, wird spürbar, und so erschien es den Verlagen doch einfacher, auf die Publikation zu verzichten. Diese Erfahrung brachte Hellmuth Lange auf die Idee, sich des Mittels der Science Fiction zu bedienen, bei der die Übersteigerung der Wirklichkeit, wie sie auch für die Satire typisch ist, vielleicht noch eher akzeptiert wird. Leider fiel der Beginn dieser Aktivitäten in eine Zeit, in der Science Fiction im deutschsprachigen Raum noch kein Begriff war – und keine Möglichkeit für deutsche Autoren bestand, unter ihren eigenen Namen oder auch unter angenommenen englischen Pseudonymen auf der Erfolgswelle zu reiten. Dazu kamen aber auch noch materielle und formelle Schwierigkeiten. Obwohl Hellmuth Lange mit seinem ersten Buch dieses Genres, einem für die Jugend geschriebenen Roman mit dem Titel »Die Stadt unterm Meeresgrund«, 1947, erfreulichen Erfolg hatte, wurde es wegen des damals bestehenden Papiermangels nicht wieder aufgelegt.

Die Zustimmung der Leser gab dem Verfasser Mut, die Form eines Zukunftsromans auch für seine nächste Arbeit zu wählen, den hier vorliegenden Roman »Blumen wachsen im Himmel«. Auch in der

Geschichte dieses Buches spiegeln sich die Verhältnisse der Nachkriegsjahre. Es erschien 1948 erstmalig im Minerva-Verlag, Berlin, der von der britischen Militärregierung gegründet worden war. Leiter war der Zypriote Sinus Sinodoru, »eine der groteskesten Figuren des ›Berliner geistigen Lebens‹«, wie Margret Boveri in ihrem Buch »Jahre des Überlebens« schrieb. Weiter heißt es dort: »Was in Berlin damals zählte, war aber die Tatsache, daß er einen britischen Paß besaß und einige Pfund, die sein Vater ihm geschickt hatte.« Hellmuth Lange bekam für sein Buch kein Honorar, und die Rechtssituation war so beschaffen, daß Rechtsanwälte einen Prozeß erst gar nicht beginnen wollten. Es dauerte bis zum Jahr 1976, bis der Roman ein zweites Mal, diesmal als Taschenbuch im Heyne-Verlag, München, erschien, und zwar unter der Bezeichnung »Science Fiction Classics«. Nun wurde es zwar mehrfach rezensiert, und zwar mit großer Anerkennung, doch beschränkte sich diese Resonanz naturgemäß auf das Science Fiction-Ghetto; die Kritiker der »literarischen Literatur« enthielten Hellmuth Lange jene Beachtung, die er spätestens aufgrund dieses Buchs verdient hätte.

In den vierziger Jahren griff Hellmuth Lange noch zweimal aktuelle Themen in Romanen auf, und zwar zunächst in »Gras auf der flachen Hand«, bis heute unveröffentlicht. Hier verwendet der Autor einen in utopischen Darstellungen häufigen, aber immer wieder wirksamen Kunstgriff: Er versetzt den Helden der Erzählung aus der Gegenwart in die Zukunft – diesmal ins Jahr 3196 –, was dann Gelegenheit gibt, die Gegensätze mit der postulierten künftigen Gesellschaftsform und der Gegenwart herauszuarbeiten. Als Erzähler fungierte ein Reporter, der sich jenes aus dem Eis getauten Menschen annimmt, ihn auf seinen Wegen begleitet und in der Funkzeitung »ÄTHER« darüber berichtet. Diese Geschichte hat höchst amüsante Züge; sie wird insbesondere in den kritischen Bemerkungen des Reporters gegenüber dem »Urmenschen« deutlich, eines Menschentyps, der, im Gegensatz zu den künftigen Bewohnern unserer Erde, noch Haare und Zähne besitzt und somit keineswegs dem Schönheitsideal der Welt entspricht, in die er geraten ist. Doch dieser immer wieder durch die Maschen des Geschehens blinkende Humor ist nur Beiwerk. Viel wichtiger ist die beschriebene Gesellschaftsform einer Menschheit, die nur noch für Konsum und Vergnügen lebt und alle geistigen Werte, wie Freundschaft und Liebe, vergessen hat. Eine solche Kritik des Wohlstands erscheint uns gar nicht mehr so originell, doch damals, als der Wiederaufbau noch längst nicht richtig in Gang gekommen war, erschien die von Hellmuth Lange eingenommene Position geradezu abwegig. Der zweite, ebenfalls noch unveröffentlichte Roman trägt den Titel »Quirlichter«, gebildet aus der Verbindung von »Gelichter« und »Quirl«. Es behandelt das Thema Demokratie aus der Sicht der Jahre 1946 bis 1948, und zwar wieder in die Zukunft verlegt. Hellmuth Lange dachte einige Konsequenzen der demokratischen Gesellschaftsordnung zu Ende, als man sich erst langsam an Demokratie gewöhnen mußte. In seiner Geschichte treten zwei große Parteien auf, die einander in einer Pattsituation gegenüberstehen, da sie gleichviel Wählerstimmen haben. So kommt es, daß die dritte Partei, die nur einen einzigen Abgeordneten aufbringen kann, als Zünglein an der Waage wirkt und somit viele Probleme in ihrem Sinn entscheiden kann. Für damals mußte dies grotesk klingen, und trotz des großen Vergnügens, das diese utopische Satire den Lesern machte, hielt man sie doch für wirklichkeitsfern, zu weit hergeholt, und kein Verlag konnte sich für die Aufnahme des Romans in sein Programm entscheiden. Verständlich, daß Hellmuth Lange zu resignieren begann und keinen Roman mehr schrieb – ein Autor, dessen kreativsten Jahre in eine höchst ungünstige Zeit fielen. In den folgenden Jahren widmete er sich seinem Verlag, er schrieb das vierbändige »Handbuch der Schmalfilmtechnik« und »Das große Buch der Schmalfilmgestaltung« – Bücher, deren Bedeutung, wie der Autor selbst bemerkt, durch die aufkommende Videotechnik zumindest zum Teil in Frage gestellt wurde. Trotz aller Widerstände wurde aber schließlich »Blumen wachsen im Himmel« sein erfolgreichstes Buch, das nun in der dritten Auflage erscheint – von der Form und Intention her gesehen dürfte es auch sein stärkstes sein.

Den Rahmen des Buchs bilden tagebuchähnliche Aufzeichnungen, Beschreibung aktueller Ereignisse, Reflexionen . . . Sie sind im Präsens geschrieben und treten im Buch als Zwischenkapitel auf. Der Verfasser ist Ivo, der letzte Überlebende dieses sterbenden Planeten, von Berufs wegen »Meister des Worts« – vielleicht die Erklärung, die Rechtfertigung dafür, daß der Untergang so grausig schön geschildert wird. Freilich geht es Ivo nicht um Literatur, sondern um die Botschaft – eine ins Ungewisse gerichtete Botschaft, bestimmt für den »Freund vom fremden Stern«: eine Warnung an Intelligenzformen beliebiger Zeiten und Orte, Übermittlung einer Weisheit, die letztlich schlicht und einfach ist und, vielleicht, doch das Geheimnis eines sinnerfüllten Lebens enthält. Im Grunde genommen handelt es sich um die Einsicht, daß technischer Fortschritt kein Glück vermittelt. Wenn überhaupt, ist er nur in einer langsamen Entwicklung, die Anpassung zuläßt, erträglich; anderenfalls führt er zur Katastrophe. Sie kann sich in einem alles umfassenden Zerstörungsschlag äußern, sie kann sich aber auch schleichend einstellen: Während sich materieller Erfolg ergibt, verarmt die Menschheit an Gefühl und verliert damit das Wertvollste, was ihr mitgegeben wurde.

Die Ereignisse, die zur Feuerkatastrophe führten, führt der Verfasser der Aufzeichnungen als neunzehntes Kapitel rückblickartig in seinen Text ein. Sie haben Überschriften wie »Verzweiflung«, »Angst«, »Raserei« usw. und verraten so schon auf den ersten Blick einiges über das Geschehen. Im Grunde genommen handelt es sich um ein elementares Problem, das auch in vielerlei anderen Formen auftreten kann. Vom Untergang bedroht, in diesem Fall vom unaufhaltsamen Kälteeinbruch, greift man zu einem letzten, verzweifelten Mittel – und erreicht schließlich das Gegenteil, beraubt sich endgültig und unwiderruflich der letzten Hoffnung, die vielleicht noch bestanden hätte. Es ist die Wissenschaft, der die Idee zum verzweifelten Rettungsversuch entwächst. Tom, der »Forscher«, hat eine Möglichkeit zur Entzündung des atomaren Feuers gefunden, zur Befreiung tief im Inneren der Materie verborgener Energiereserven, die er mobilisieren will, um dem Planeten die lebenserhaltende Wärme wieder zu schenken. Natürlich ist die Atomenergie gemeint, die Spaltungsreaktion, wie sie für die erste Generation der »Atombomben« kennzeichnend war. Allein die Vorstellung, der Stoff, aus dem die Erde besteht, könnte zersetzt, aufgelöst werden, ist geeignet, Schrecken zu verbreiten: Bestünde nicht die Gefahr, daß sich der atomare Brand, einmal entfacht, nicht mehr löschen ließe? – Daß er um sich griffe, über Land und Meer hinweg, daß sich ein ganzer Planet in einem Inferno von Feuer und Glut in Nichts auflösen würde? Heute wissen wir es freilich besser: Nur einige ganz wenige schwere Elemente sind spaltbar, und das auch nur in einer Verdichtung, wie sie in der Natur nicht vorkommt. Im Grunde genommen aber spielt die Art der Katastrophe keine Rolle – was Hellmuth Lange beschreibt, ist eine archaische Situation, die in verschiedensten Versionen, im Kleinen wie im Großen, immer wieder auftreten kann. Letzten Endes spielt es auch keine Rolle, ob das Verderben unmittelbar, schlagartig folgt – die von den erzürnten Göttern ausgelöste Rache –, oder ob sich die Folgen allmählich einstellen. Vielleicht war die Erschließung des Feuers bereits ein blasphemischer Akt, wie es in vielen Sagen auch angedeutet wird; doch während es Jahrtausende hindurch schien, dieser Frevel bliebe ungeahndet, so registrieren wir jetzt den bedenklichen Anstieg des Kohlendioxyds in der Luft . . . und auf einmal stellt sich auch die unheilkündende Vision wieder ein: von Klimaveränderungen, Meeresspiegelschwankungen, Hitzekatastrophen oder neuen Eiszeiten. Niemand weiß, welche Folgen es zuletzt sein werden, doch allmählich beschleicht uns die Angst, auf Unbestimmtes gerichtet, von dem man nur die Ursachen kennt.

Mystische Elemente, Weissagungen, die Warnung vor den Folgen menschlicher Überheblichkeit – das alles spielt eine große Rolle in der Geschichte. Ein Priester tritt auf, der die vom Wissenschaftler benutzten physikalischen Prozesse zwar nur mit vereinfachten Bildern beschreiben kann, ihre bösen Konsequenzen aber aus allgemein ethischen Gründen heraus für unvermeidbar hält. Das ist seine Meinung:

»Die Materie kann eine Sache nur stark machen, glücklich wird sie allein durch den Geist. Das Problem, vor dem wir stehen, heißt die Kraft des Menschen anschwellen lassen, ohne die Vernunft dabei zu töten. Nimm es mir bitte nicht übel, Tom, aber ich halte dieses Problem, mindestens in deiner plötzlichen, abrupten Form, für unlösbar.«

In der darauffolgenden Diskussion bezieht sich der Priester auf eine altüberlieferte Idee, die schon da und dort auftrat, ehe man in den Atomen Ebenbilder des Sonnensystems erkannte. Könnte sich in der Mikrowelt nicht eine analoge Situation ergeben? Wäre es nicht möglich, daß die um einen Zentralkörper kreisenden Teile eigene Welten sind, belebt wie die Erde, von Intelligenzen bevölkert wie dem Menschen? Dies alles würde von jenem, der das atomare Feuer entzündet, vernichtet, und diese Fiktion genügt dem Priester, um den physikalischen Eingriff zu Rettung der Welt abzulehnen.

Im weiteren Verlauf des Geschehens versucht es der Priester noch einmal mit einem anderen Argument. Er läßt die Vision einer Welt entstehen, in der der riskante Rettungsversuch gelungen ist: eine Welt, in der es keinen Mangel an Wärme mehr gibt, keinen Mangel an Energie . . . Selbst heute noch stellen sich manche eine solche Welt als Paradies vor, in dem alle Probleme gelöst scheinen. Der Priester aber führt den anderen vor, daß die Befreiung des Menschen nicht durch materielle Dinge möglich ist, ja, daß gerade die Verfügbarkeit all dessen, was den Menschen in einer Mangelsituation als Schlüssel zur Lösung aller Probleme erscheint, zu jener von Hellmuth Lange auch in anderen Publikationen immer wieder kritisierten traurigen Konsumwelt führt. Selbst die Auswüchse eines ungehemmt ausgelebten Kapitalismus kommen in jenem Alptraum vor, mit Arbeitslosigkeit, Vernichtung von Lebensmitteln, Armut inmitten von Überfluß.

All diesen Einwänden zum Trotz setzen aber die Wissenschaftler ihre Absichten durch; es gelingt ihnen, die Materie zum Zerfall zu bringen, das atomare Feuer beginnt zu lodern, einige Tage scheint es, als sei der Versuch gelungen, die Menschheit gerettet . . . Doch dann stellt sich heraus, wie vermessen die Erwartung war, man könnte die Welt durch einen Gewaltakt sanieren, dem von der Natur vorausbestimmten Ende mit technischen Mitteln entgegentreten. Das Feuer gerät außer Kontrolle, das Land, das jahrhundertelang unter Eismassen erstarrte, wird nun durch die alles überwuchernde Glut bedroht, und zuletzt bleibt nur Ivo übrig, mit seiner ebenso verzweifelten wie bescheidenen Hoffnung, die bis zu seiner letzten Stunde weitergeführte Dokumentation könnte doch noch einen vernünftigen Sinn erfüllen.

Natürlich ist es derselbe Sinn, den sich Hellmuth Lange erhofft, wenn er dieses fiktive, in einen fernen Winkel des Weltraums verlegte Geschehen vor uns ausbreitet. Es ist, wie er selbst zugibt, Ausdruck der Resignation, Konsequenz der Einsicht, daß der Mensch oft genug in ausweglose Situationen gerät, und das zumeist durch eigene Schuld. Und trotz dieser offen ausgedrückten pessimistischen Einstellung schwingt auch ein Funke Hoffnung mit, der den Pessimisten Hellmuth Lange eben von einem Nihilisten trennt: Trotz aller Ergebenheit in ein scheinbar unabwendbares Schicksal lehnt er sich dagegen auf, und weil er ein Dichter ist wie Ivo, der Berichterstatter, so ist auch sein Mittel das Wort.

»Alle meine Geschichten«, sagt Hellmuth Lange, »haben einen realen Bezugspunkt, einen Zusammenhang mit aktuellen Ereignissen.« Dieser Bezug ist aus dem Sichtfeld des Jahres 1947 leicht festzustellen. Wenn es nicht schon längst vorher geschehen war, so haben es doch die Abwürfe der Atombomben dokumentiert: Die Physik, die Naturwissenschaft, hat ihre Unschuld verloren. Mindestens von diesem Moment an gibt es jene »reine Wissenschaft« nicht mehr, die es ihren Anhängern möglich macht, Wissen zu erschließen und zu verbreiten, ohne sich um die Folgen zu kümmern. Das ist eines der neuen Themen, Herausforderung an jeden Schriftsteller, der auf den aktuellen Zeitbezug wert legt. Friedrich Dürrenmatt hat das Thema behandelt, seine »Physiker« wurden geradezu die negativen Helden des Zeitalters, und viele Autoren, die der Science Fiction verhaftet sind, haben ihm neue Akzente abgewonnen. Man kann aber auch nicht behaupten, diese Entwicklung wäre an den Wissenschaftlern folgenlos vorübergegangen; wie aus unzähligen Publikationen und Diskussionen hervorgeht, haben sie die Verantwortung, die ihnen auferlegt ist, erkannt. Ob sie damit fertig werden, ist freilich eine andere Frage.

Zweifellos aber gibt es auch jenen Forscher, der sich auf Gedeih und Verderb dem politischen Machthaber ausliefert, wenn ihn dieser nur gut belohnt. (Dabei muß es sich keineswegs immer um Geld handeln, auch die Macht kann ein erstrebtes Ziel sein, selbst die Möglichkeit, nach Belieben zu arbeiten, und schließlich auch das Gefühl, die eigenen Ideen – selbst im Zerstörerischen – verwirklicht zu sehen.) Dieser Typ des Wissenschaftlers ist es, den Hellmuth Lange aufs Korn nimmt. Es fällt auf, wie schonungslos er die in seiner Geschichte auftretenden Forscher zeichnet: Menschen, die keinerlei Rücksicht auf die Regeln der Menschlichkeit nehmen, denen es nur darum geht, ihre Pläne durchzusetzen. Mit den andern, die sie in Wirklichkeit verachten, geben sie sich nur ab, solange dies ihren Zwecken nützlich ist, und sind sie endlich am Ziel, dann zeigen sie ihr wahres Gesicht der Überheblichkeit und Verachtung der anderen. Hellmuth Lange schreibt:

»So mag nach einem Kampf der Sieger aussehen, wenn er seinen Gegner in den Staub getreten und zerfetzt hat. Es war das ungute Leuchten der Macht des Stärkeren. Es war die Glut gewordene Überheblichkeit. Aber es sprachen auch Gier und Herzlosigkeit und Eigensinn aus den Linien dieses Gesichts.«

Von der Logik der Erzählung her, vom Geschehen, wie es sich entwickelt, ist der Ausgang, die Katastrophe, folgerichtig und unvermeidlich. Die darin ausgedrückte Sentenz scheint so überzeugend, daß man erst eine Weile braucht, ehe man dazu in der Lage ist, die Situation ein zweites Mal zu verfolgen. Dabei stellt sich heraus, daß das Mißlingen des Versuchs keineswegs von vornherein notwendig war – trotz des offenbar noch mangelhaften Wissens der Forscher hätte er auch die Chance eines guten Ausgangs gehabt. Dementsprechend begründen sich die Einwände der menschlich und verantwortungsbewußt gezeichneten Akteure nicht auf Einsicht in das Wesen der Dinge, um die es geht – in diesem Fall um physikalisches Wissen –, sondern auf dumpfe Ahnungen und Befürchtungen. Doch auch diese, die es in unserer Welt immer schon gegeben hat, schließen die Garantie auf richtige Einschätzung der Situation keineswegs in sich ein. Die in dem Buch »Blumen wachsen im Himmel« geschilderte

Situation, das Erkalten der Sonne, ist nun tatsächlich das Schulbeispiel eines Ereignisses, in dem jede Hoffnung, das Schicksal würde sich von selbst wieder zum guten Wenden, illusorisch ist. Somit besteht nur noch die Alternative zwischen einer stumpfen Ergebenheit in sein Schicksal oder dem letzten Aufbäumen mit einem verzweifelten und risikobehafteten Versuch, der immerhin die Chance auf Rettung offen läßt. In diesem Fall scheint mir die zweite Möglichkeit die einzige vertretbare zu sein, völlig ungeachtet dessen, ob die Urheber des Plans, die Wissenschaftler, nun gut oder böse sind, und ebenso ungeachtet irgendwelcher optimistischer oder pessimistischer Prophezeiungen. Aus Gesprächen mit Hellmuth Lange geht hervor, daß er trotz der Resignation, die ihm gegenüber manchen Problemen – auch heutiger Tage! – die einzig verbleibende Konsequenz zu bleiben scheint, doch letztlich aktives Handeln einer vornehmen Ergebenheit in das Schicksal vorzieht.

Auch heute, fast vierzig Jahre nach den Tagen von Hiroshima und Nagasaki, sind die Probleme, um die es in Langes Buch geht, nicht gelöst, ganz im Gegenteil: Inzwischen wurden weitaus stärkere Vernichtungswaffen erfunden, sie wurden in Massen produziert und können die Vernichtung der gesamten Erde möglich machen. Bemerkenswert genug, daß »Blumen wachsen im Himmel« im Laufe der Zeit nicht veraltet ist, sondern an Aktualität eher noch gewonnen hat.

Herbert W. Franke

Bitte beachten Sie
die folgenden Seiten

Karel Čapek

Krakatit

Roman

Ullstein Buch 20445

Ozeanische Bibliothek
1984

Was verbirgt sich hinter der geheimnisvollen Bezeichnung Krakatit? – Ein Sprengstoff von ungeheurer Zerstörungskraft. Der Erfinder: ein Mann namens Prokop, eine menschenscheue, in sich zerrissene Gestalt; ein Mann, den nur die Geheimnisse interessieren, in die er während der von ihm betriebenen Forschungen vordringt. Ein Mann, der plötzlich in die Situation versetzt wird, die viel kompliziertere Natur des Menschen verstehen zu müssen – denn nun sieht er sich den Versuchungen der Macht, des Kapitals und der Politik ausgesetzt. Prokop hat keine andere Wahl, als gleichzeitig nach innen und außen zu kämpfen: gegen sich selbst und jene Mächte, die ihn korrumpieren wollen. Seine Erfindung hat dazu geführt, daß das Schicksal der Welt nun in seinen Händen liegt . . .

Mordecai Roshwald

Das Ultimatum

Roman

Ullstein Buch 20446

Ozeanische Bibliothek
1984

Um der totalen Vernichtung der Menschheit durch einen Atomkrieg vorzubeugen, richten die Machthaber eines anonymen Zukunftsstaates tief unter der Erde Überlebenskavernen ein. In einem dieser völlig autonomen Bunker – der Ebene 7 – lebt zusammen mit 499 weiteren Männern und Frauen der Knopfdruckoffizier X-127. Man hat ihn und die anderen mit Vorräten für 500 Jahre versorgt. Der Auftrag dieser Mannschaft: überleben, und wenn alles vorbei ist, an die Oberfläche zurückkehren und den Feind ausradieren, so tot die Welt auch sein mag. Über tausend Meter unter der Erdoberfläche warten X-127 und seine Kameraden auf den Ausbruch des Krieges. Als es soweit ist und aufgrund eines Versehens das nukleare Inferno ausbricht, müssen die Bewohner von Ebene 7 erkennen, daß es auch für sie keine Überlebenschance gibt . . .

»Man sollte diesen Band all den raketenprotzenden Staatsmännern in Ost und West als Pflichtlektüre in die Hände drücken.« RIAS Berlin

Thea von Harbou

Metropolis

Roman

Ullstein Buch 20447

Ozeanische Bibliothek
1984

Irgendwann in ferner Zukunft in der Superstadt Metropolis: Freder, der Sohn des mächtigen Finanz-Oligarchen Fredersen, verliebt sich in das Mädchen Maria, die pazifistische Führerin der unter unmenschlicher Akkordhetze schmachtenden Arbeitermassen. Von ihr beeinflußt, will Freder seinem Vater, dem unumschränkten Herrn der Stadt, klarmachen, daß die in den untersten Kelleretagen von Metropolis schuftenden Menschen seine Brüder seien. Doch der alte Fredersen hat kein Ohr für seinen Sohn. Während Freder sich auf die Seite der Arbeiter schlägt, verbündet sich sein Vater mit dem Wissenschaftler Rotwang. Maria ist für ihn eine Aufrührerin, die es auszuschalten gilt. Das Mädchen wird gefangengenommen und durch einen Androiden ersetzt: Dieser Kunstmensch wiegelt die bisher friedlichen Unterprivilegierten auf. Endlich hat Fredersen einen legalen Grund, gegen die »Revolutionäre« vorzugehen . . .

George Orwell

1984

Ullstein Buch 3253

George Orwells Welterfolg wird hiermit erneut als Taschenbuch vorgelegt. Mit atemberaubender Unerbittlichkeit zeichnet der Autor in diesem visionären Roman das erschreckende Zukunftsbild einer durch und durch totalitären Gesellschaft, die bis ins letzte Detail durchorganisierte Tyrannei einer absolut autoritären Staatsmacht. Dieses Buch entstand unter dem Eindruck unkontrollierter Willkürherrschaft, des Nazismus, des Faschismus, des Stalinismus, aber auch der wirtschaftsimperialistischen Tendenzen bei den Industriemächten während des Zweiten Weltkriegs. Pessimistischer und grimmiger noch als in seinen anderen Büchern bringt Orwell hier seine Überzeugung zum Ausdruck, daß die Machtstruktur einer Gesellschaft auch durch Revolution nicht grundlegend verändert werden kann und daß die Zerstörung des Menschen durch eine perfektionierte Staatsmaschinerie unaufhaltsam ist. Seine düstere Zukunftsvision gewinnt dadurch einen beklemmenden Wirklichkeitsbezug, dem sich auch der Leser von heute nur schwer entziehen kann.

ein Ullstein Buch